Couverture inférieure manquante

ÉTUDES POUR SERVIR A L'HISTOIRE DU PONTHIEU

Ire PARTIE

MONOGRAPHIE

DE

L'ÉGLISE DE BERCK-SUR-MER

par Léon PLANCOUARD

ARCHÉOLOGUE

Membre de la Société Française d'Archéologie
Correspondant de la Société Académique
de Boulogne-sur-Mer

(TIRÉ A 300 EXEMPLAIRES)

Ouvrage honoré d'une Souscription du Conseil Municipal
de la Ville de Berck

Labor improbus omnia vincit

ANNÉE 1891

MONTREUIL-SUR-MER
Imprimerie Arthur Becquart, Grande-Rue, 88

ÉTUDES POUR SERVIR A L'HISTOIRE DU PONTHIEU

MONOGRAPHIE

DE

L'ÉGLISE DE BERCK-SUR-MER

par Léon PLANCOUARD

ARCHÉOLOGUE

Membre de la Société Française d'Archéologie
Correspondant de la Société Académique
de Boulogne-sur-Mer

ANNÉE 1891

MONTREUIL-SUR-MER
Imprimerie Arthur Becquart, Grande-Rue, 38

ÉTUDES POUR SERVIR A L'HISTOIRE DU PONTHIEU

MONOGRAPHIE

DE L'ÉGLISE DE BERCK-S-MER

par Léon PLANCOUARD

ARCHÉOLOGUE

Membre de la Société française d'archéologie

Correspondant de la Société académique de Boulogne s/m

PRODÉAT

Les Eglises principales sont décrites aujourd'hui mais bien peu d'édifices secondaires ont été l'objet d'une monographie. Aucune étude approfondie n'a été, jusqu'à présent, consacrée aux édifices religieux de l'arrondissement de Montreuil. Pour combler l'une de ces lacunes nous avons cru devoir publier une description complète de l'Eglise de Berck, afin de faire connaître ses dispositions et déterminer la date de ses différentes parties ; espérons que d'autres se mettront à l'œuvre.

Bien peu de descriptions cependant ont été données de cet édifice. Il faut en voir sans doute la cause dans son éloignement, jusqu'à ces dernières années, de toute voie de communication. Sa bibliographie ne comprend guère que deux courtes notices dont nous allons parler. Quant aux renseignements iconographiques publiés sur Berck, ils parlent sommairement de son Eglise.

En 1885, M. Aristide Danvin dans son intéressant

livre « Berck-Guide » lui consacre quelques lignes historiques. En 1886 M. Ch. Wignier, d'Abbeville, a relevé dans son ouvrage « poteries vernissées de l'ancien Ponthieu » les restes des quelques inscriptions tombales qu'on retrouve encore parmi les carreaux du pavé actuel de l'Eglise de Berck-Ville. — Deux ans plus tard, M. l'abbé E. Thobois publiait dans le cabinet historique d'Abbeville sous le pseudonyme H. Lambert, une description (quatre pages) ayant titre « Eglise de Berck » note courte mais bien rédigée sous le rapport archéologique ; c'est un résumé de l'histoire complète de Berck qu'il se proposait de publier. Cette année enfin, Mlle L. Duplais complète dans son livre « Berck-Ville et Plage » les données parues jusqu'à ce jour ; la première partie de cette charmante brochure donne une petite historique du vieux Berck.

L'Eglise de Berck a été gravée à plusieurs reprises, notamment en 1888 dans le cabinet historique de M. Alcius Ledieu d'Abbeville, T III — Octobre 1883 n°s 5 et 6 ; divers détails du monument accompagnaient cette planche.

On peut également consulter le dictionnaire archéologique du Pas-de-Calais, un volume est relatif à l'arrondissement de Montreuil, et a été composé par M. Albéric de Calenne dont la compétence en archéologie est hors de doute.

L'article relatif à Berck se trouve aux pages 315 à 321.

A Messieurs les membres du Conseil Municipal de la Ville de Berck.

MM. Macquet Alfred, Maire ; Parmentier Alphonse, 1er adjoint ; Laflilé Edmond, 2e adjoint ; Macquet J-B ; Malingre Pierre ; Quettier Désiré ; Bouville-Baillet P. ; Bucquet Bridenne ; Beauvois ; Fanthome ; Michaux-Rivet ; Rivet Pierre, dit Mémé ; Drapier-Fauchet ; Macquet Joseph, dit Dez ; Bouville Lucien ; Bridenne, dit Tiojean ; Macquet Mionnet ; Cobert J-B ; Clef Pierre ; Haigneré, dit treize ans.

Messieurs,

Les encouragements que j'ai reçus de tous côtés et particulièrement de la municipalité me font un devoir de vous dédier ce petit opuscule que j'ai consacré à la description archéologique de l'Eglise de Berck.

C'est donc comme l'expression de ma reconnaissance que je vous prie de l'accueillir.

Permettez-moi d'espérer que vous le lirez avec quelque intérêt.

Tout d'abord, je n'ai pas la prétention de vous le présenter comme une œuvre d'art, ni même d'érudition. N'y voyez que la preuve du profond intérêt que je porte à la ville de Berck. C'est vous dire que bien que nouveau venu parmi vous, j'aime déjà votre ville, sa plage magnifique, ses sites variés, jusqu'à l'air qu'on y respire et que les douces brises de la mer ont rendu si salutaire.

Je ne pouvais donc pas rester indifférent aux curiosités de votre ville et particulièrement aux beautés de votre Eglise dont l'originalité archéologique m'a particulièrement séduit.

Et si j'ai le bonheur de vous intéresser j'élargirai tant soit peu le cercle de mes travaux en essayant de vous présenter, dans un ouvrage ultérieur, un aperçu historique et scrupuleusement fidèle de tout ce qui se rattache au passé de la ville de Berck.

Etablissements de Berck 1er Décembre 1890

ESQUISSE HISTORIQUE

Avant d'aborder le sujet principal de notre étude, c'est-à-dire l'archéologie du monument qui nous intéresse, nous allons en esquisser rapidement l'histoire, mais comme toujours, les textes qu'on peut invoquer, sont rares et vagues.

LA PAROISSE DE BERCK

Le nom de paroisse invariablement donné à tous nos villages, n'avait pas, sous l'ancien régime, comme de nos jours une signification exclusivement religieuse. La paroisse, dans les désignations géographiques de l'ancienne France était l'agglomération d'habitants que nous appelons aujourd'hui la commune.

Avant la Révolution nous trouvons à Berck 1° une *administration religieuse* confiée au curé gérant de la cure, entouré d'un conseil de fabrique comprenant un marguillier en charge, un receveur, un lieutenant, un procureur d'office, un greffier et cinq à sept marguilliers, tenant ses assemblées soit à l'Eglise, soit au presbytère

2° Une *administration civile* que nous citons pour mémoire aux mains d'un bailli « obéissant au seigneur du lieu et relevant du prévôt de Montreuil » aidé des anciens et des notables du pays.

Dans les campagnes il y eut des paroisses chrétiennes dès le 4e siècle ; dans les villes un peu plus tard. Berck dont l'étymologie paraît être celtique est très ancien ; il n'y a aucun doute sur l'existence d'une paroisse avec ancienne église ou lieu destiné au culte comme dans un certain nombre de localités où se trouvait un noyau de chrétiens pendant comme après la persécution. Il n'y avait pas de pasteurs à résidence fixe, cela n'a commencé qu'avec le XIIe siècle ; ils passaient tour à tour dans les centres ; quand aux territoires, ils avaient leurs limites fixes ; c'était l'ancienne division romaine : à leur tête se trouvait un *parrochus* qui remplissait à peu près les fonctions de nos maires actuels et un peu celle des prêtres païens.

Le bourg de Berck, dont nous ne pouvons indiquer le rôle dans ces premiers temps, situé à une faible distance de Montreuil, faisait anciennement partie, au point de vue ecclésiastique, des pays soumis à la juridiction de l'évêque d'Amiens. Il était de l'archidiaconé du Ponthieu et du Doyenné de Montreuil.

L'Eglise paroissiale qui relève aujourd'hui, depuis la nouvelle réorganisation diocésaine, du diocèse d'Arras et du grand décanat de Montreuil, a pour patron titulaire St-Jean et est dédiée secondairement à St-Pierre. Dans les siècles passés, jusqu'à la Révolution il y avait à Berck un pélérinage en l'honneur de ces deux patrons auquel prenaient part les paroisses voisines.

Il était aussi d'usage, dans le pays, huit jours avant la fête de ces deux saints que les enfants allassent quêter le bois pour alimenter un feu d'or en leur honneur (24 et 29 juin). Ce feu était béni au couchant du soleil et les restes du bois servaient aux habitants comme un talisman pour détruire les rats dans leur grenier ou les insectes dans leur literie ; *risum teneatis* !

La cure de l'Eglise de Berck était placée, avant 1789 sous le patronage de la riche et puissante abbaye de St-Josse (celle maritime de l'ordre de St-Benoit) et le curé qui la desservait était choisi par l'abbé de ce monastère qui était lui-même sous la dépendance de celle de Ferrières (1).

On ne peut préciser l'époque à laquelle la cure St-Jean de Berck a été placée sous le patronage de l'abbé de St-Josse et malgré d'actives recherches il nous a été impossible de la découvrir même approximativement. Aurait-elle été remise à l'abbaye au XIe siècle ou après la croisade ! Autant de points en litige que nous ne pouvons élucider faute de documents.

Nous savons que dès le XIe siècle la seigneurie de Berck dépendait de la chatellenie de Beaurain et de la prévôté de Montreuil la plus étendue du bailliage d'Amiens qui se composait de portions de Flandre d'Artois et de Picardie ; les chroniques du temps mentionnent Berck, mais sont muettes sur sa cure.

C'est ainsi qu'elles rapportent qu'en 1065, Harold comte de Kent, fut chargé d'une mission importante auprès du duc de Normandie. Ce grand seigneur de la cour d'Edouard le Confesseur qui s'était embarqué à

---

(1) Cette abbaye de St-Josse (*Sancti Judicis cella en 887*) une des plus anciennes du Ponthieu fut fondée par Charlemagne qui la confia à Alcuin. Louis le Débonnaire l'affilia à celle de Ferrières. Elle fut supprimée quelques temps avant la Révolution et ses revenus furent rattachés à l'abbaye de St-Sauve.

Bosham vit son vaisseau brisé par la tempête et jeté sur la plage de Berck à l'embouchure de l'Authie. Les officiers de la seigneurie de Berck qui recueillirent le prince anglais le conduisirent au chateau de la chatellenie de qui Berck dépendait : à Beaurain où se trouvait le comte Guy 1er.

« Guy garda Harold par grand cure
« Moult en creut mésaventure
« A Belrem (1) le fit envoyer
« Pour faire le duc éloigner »

Harold devint roi d'Angleterre après avoir été délivré de ses chaînes par le prince normand qui devait lui ravir bientôt après la couronne et la vie dans la bataille d'Hastings.

Par un titre de 1123, Enguerran évêque d'Amiens confirme les paroisses (*altaria*) accordées à l'abbaye de St-Josse et parmi celles-ci, Douriez, Nempont-St-Firmin *ultra aquam* (de la Somme) Verton, Sanctus Albinus (St-Aubin), Waben, Airon-Notre-Dame, Sorrus, Montavis, Maisoncelles, Berck n'est pas nommé. (2)

Nos recherches nous ont fourni des renseignements sur le Berck d'alors mais non sur la cure au XIIe siècle.

Ainsi, en juillet 1215 un Petrus de Berc assiste comme témoin à une donation faite en faveur des Lepreux de la Maladrerie du Val de Montreuil, par Eustache de Selles seigneur de Boutillier et Mathilde son épouse. Ladite donation consistait en 130 journaux de bois tant dans le bois Jean que dans le bois du Rouvrai, à la charge de leur rendre chaque année, le jour de la fête de tous les saints un muids de blé et autant d'avoine (3)

On peut ajouter à titre de renseignement historique l'extrait suivant d'une charte de l'abbaye de Valloires ; vieux parchemin au relan moisi, qui n'a de valeur que par sa date :

« Hugues doyen, Jean chantre et Waltère trésorier de St-Wulfran à Abbeville juges délégués par le pape,

---

(1) Beaurain, sur Canche. Dict. archéol.

(2) Non plus que dans la confirmation de Milon de Thérouanne en 1134.

(3) Résumé d'un titre des archives hospitalières de Montreuil.

faisons savoir que l'abbé de Balances(1) a traduit devant nous le sieur Jean Capel chevalier et sa femme Aelide, au sujet d'un pré qu'on nomme Maresquel, situé entre la Haye et *Berck* que Furcelles avait donné en aumône à l'abbé de Balances ; ils le cèdent à Balances en 1223 au mois de février. »

Cette charte fut renouvelée ensuite par Wilard doyen de chrétienté d'Abbeville (2)

Aucune mention de la cure de Berck dans ces anciens documents.

Le pouillé de 1301, cité par M. Darsy, nomme Berck comme relevant de la présentation de St-Josse. Ce droit remontait vraisemblablement au XIIe siècle. M. de Calonne pense que cette abbaye fut investie du droit de présentation à la cure de Berck au XIIe siècle, mais il n'a pu retrouver ce titre.

On trouve encore mention de la cure St-Jean de Berck aux XIV et XVe siècle. A cette époque la station des pêcheurs Berkois isolée et perdue au milieu des sables au point que les anciens atlas n'en font pas même mention, avait une certaine importance, et les maîtres de bateaux payaient une dime relativement élevée (20 sols parisis 6 deniers) aux moines de l'abbaye.

Berck a toujours été un pauvre pays quoique sa terre ait été donnée en fief avant le quinzième siècle (3) son territoire a été envahi plusieurs fois par les sables; nous en reparlerons plus loin.

---

(1) Valloires

(2) Inventaire de Valloires par M. Beaumeret, prieur.

(3) Il ne rentre pas dans le cadre de cette notice de faire l'historique de la seigneurie de Berck ; les différents fonds de la bibliothèque Nationale, les archives départementales en fournissent les éléments. Nous donnerons ci-après un résumé succint de nos notes.

Au XIe siècle la terre de Berck relevait de Guy 1er comte de Ponthieu et dépendait de la chatellenie de Beaurain. Le fief ou chatellenie de Beaurain démembré du comté de St-Pol s'étendait de Douriez à Anconnay et de l'Authie à la Canche et comprenait dans sa mouvance, les seigneuries de Berck, Beaurain-Ville, Beaurain-Chateau, Burcilles, Campagne, Ecquemicourt, Ecuires, Gouy, Hesmon, Neuville, Merlimont, St-West Verton, etc.

Relativement à son étendue et à son histoire, avant 1789, la paroisse de Berck possédait toutefois des re-

---

Beaurain anciennement était un fief relevant du Ponthieu à cause de Montreuil et c'est par suite des alliances des comtes de St-Pol avec cette maison qu'il est passé dans la mouvance de St-Pol. Ce qui fait qu'avec le XII⁰ siècle le village de Berck dépendait du comté de St-Pol.

Berck est mentionné dans un concordat de 1322 entre Edouard II roi d'Angleterre et la comtesse de St-Pol. (*Olivier de Wix* : sceaux de Flandre). En 1331 nous trouvons Berck figurant comme partie avec Waben et Verton dans la cessation d'une rente de 30 livres à Gillon le Cimier à titre viager.

Au XIII⁰ siècle Jean de Brimeu descendant des de Hodicq était seigneur de Berck. Il était fils de Hugues de Brimeu successeur d'Enguerran et épousa Elisabeth de Beaurain fille d'Alleaume de Beaurain seigneur de Huppys. Ce Jean de Brimeu renonça à certaines redevances sur les moulins de Tigny au profit de l'abbaye de Dommartin (décembre 1248) (*Cart. Dommartin f⁰ 423*) A partir de cette époque, les vassaux de la seigneurie de Berck furent tenus de porter leurs grains au moulin de Tigny, « aucun moulin ne pouvant être établi contre le gré des moines de Dommartin, depuis Maintenay jusqu'à la mer et depuis Tigny jusqu'à St-Josse-sur-mer et Waben (*id. f⁰ 465*)

Durant près de quatre siècles les trois chatelains, puis les barons et comtes de Beaurain se transmirent la terre de Berck.

Les de Croy comtes de Roeulx descendaient de Jean de Croy seigneur de Fromessent par sa femme Jeanne de Creucques.

En 1500 Ferry de Croy, chevalier-seigneur de Roeulx de Beaurain, de Contes, Longpré, l'était aussi de Berck qu'il avait commis à la garde de son bailli Nicolas Hourdel ; il possédait aussi les terres de Warnecque, Lamotte, Hangest-sur-Somme, Wesy-au-Mont.

L'écu de Croy est : d'argent à trois faces de gueules, écartelé de Renty : d'argent à trois dolloires de gueules et sur le tout écartelé :

Au premier d'or à la bande de gueules chargé de trois alérions d'argent *qui est de Lorraine*.

Au deuxième d'azur à trois fleurs de lis d'or à la

venus ecclésiastiques assez importants.

Nous voyons dans le pouillié des bénéfices du diocèse d'Amiens pour l'année 1648 que la collation du bénéfice de la cure de Berck appartenait à l'évêque et rapportait un revenu de valeur égale à 400 livres (1) Le pouillé de 1736 porte que la fabrique jouissait de 324 livres de revenu et que la réparation annuelle du presbytère situé à l'entrée de Berck, était prévue pour la somme de dix livres.

Les habitants payaient 300 livres au desservant qui percevait aussi différentes dîmes. La fabrique possédait un moulin qui était loué 1040 livres en 1772.

Les comptes de la fabrique sont conservés aux archives départementales ; ils remontent à l'année 1719 et sont sans lacune jusqu'en 1793 ; ils contiennent un certain nombre de renseignements sur les restaurations de l'Eglise, sur les marguilliers, les curés, les clercs, que nous avons utilisés dans le corps de cette brochure.

Jusqu'à la réunion de l'abbaye de St-Josse-sur-Mer à St-Sauve, le prieur présenta à la cure de Berck. Il avait également à nommer dans les environs outre les

bordure de gueules chargée de biesans d'argent *qui est d'Alençon.*

Au troisième et quatrième d'argent à 2 faces d'or qui *est de Harcourt.*

Au XVIe siècle les terres et vicomté de Berck étaient dans la famille des Essarts. Charles des Essarts chevalier, baron de Maigneulx et gouverneur de Montreuil et son fils en firent foi et hommage à Claude de Croy chatelain de Beaurain. L'arrière petit-fils de Charles des Essarts, J-B Du Fresnoy transmit cette terre à sa fille Marie Flore Aglaée qui épousa Ferdinand de Grammont, elle convola à la mort de ce dernier avec Antoine de Blaisel. Le 26 mai 1783 la terre seigneuriale de Berck fut acquise par de la Fontaine Clare seigneur de Verton moyennant 3000 livres ; il ait déjà propriétaire, depuis 1605 de 600 journaux de garenne.

(1) Pouillié général contenant les bénéfices de l'archevêché de Reims et des diocèses de Chalons, Senlis, Soissons, Noyon, Laon, Beauvais, Amiens, Boulogne et Arras en dépendances.

« à Paris chez Gervais Alliot MDCXXXVIIII in 4° 45 fr. — V. comme complément le pouillié Feydeau.

curés nommés dans la charte de 1123, ceux des villages de Camiers, St-Michel d'Etaples, Plumoison, Marconnelle, la collégiale de St-Firmin et plusieurs prebendes à Montreuil. Cette abbaye possédait aussi un second moulin à Tigny qui lui fut donné par Foulques sire de Nempont, elle partageait avec l'abbaye de St-Sauve la dime de Wailly, avait une part sur les dimes de la cure de Conchil, des droits à Cucq (*cart St-Josse, — Darsy.*)

L'histoire de l'Eglise de Berck, comme celle de la plupart des Eglises rurales est environnée d'une regrettable obscurité. Sa construction remonterait aux origines du pays. En effet, Mlle Duplais (1) rapporte qu'il *y a des siècles*, lorsque la mer entourait Berck, un navire du nom de *l'Arche* vint échouer dans la partie sud, à quatre kilomètres du *clocher*. Quelques habitants, pour en recueillir les épaves se servirent du petit bateau de l'Arche et l'appelèrent, dans leur patois s'tio barco, d'où vient le nom de Berck. Nous avons copié textuellement cette origine.

Bien à tort, des personnes instruites s'occupant de l'archéologie du Ponthieu ont pensé, et c'est aussi une légende accréditée dans le pays que l'Eglise de Berck avait été construite par les Anglais. Cette opinion est erronée, aussi doit-on la mettre de côté. Les Anglais, comme nous le verrons plus loin, ont détruit, mais non rebâti ; ils auraient pu construire, car ils sont restés un assez grand laps de temps dans cette région. La même légende que nous venons de signaler a cours dans le Vexin où l'on croit généralement que les clochers en batière étaient dus aux Anglais et qu'ils reproduisaient un type particulier à l'Angleterre : c'est une véritable erreur, car les clochers en batière datent du XIIe siècle : ils sont les premiers où l'arc brisé (première période du style gothique) a fait son apparition dans l'Isle de France.

On ne possède aucun renseignement historique sur l'époque où l'Eglise de Berck fut bâtie : mais comme aucune partie de l'Eglise n'est antérieure au XIVe siècle il est probable qu'elle s'élève sur les fondations d'une église du XIIIe, cette dernière aurait pu succéder à une plus ancienne, puisque le bourg de Berck existait dès le XIe siècle ; l'on sait que la construction réelle des Eglises commença avec le XIIe siècle qui s'éveilla aux cris frémissants des communes ; elle était

---

(1) Berck p. 12

du reste le résultat de la renovation de la foi religieuse qu'avait surexcitée la terreur de l'an mille.

Plusieurs personnes ont reporté la construction de l'Eglise de Berck au XIII° siècle. M. Thobois en fait un « monument du genre du XIII° siècle » et Mlle Duplais écrit que « l'Eglise de Berck-Ville rappelle les monuments du XIII° siècle. »

Cette église du XIII° siècle a du être édifiée sur les bases de celle bâtie au XII° siècle comme la plupart de celles de la région ; la nature de la pierre et l'action de l'air de la mer ont rendu nécessaire la reconstruction des églises de la contrée après quatre cents ans d'existence. A celles du XII° siècle ont succédé celles des XV et XVI° siècles ; elles périclitent actuellement et presque toutes ont été ou devraient être réparées de fond en comble au XIX° siècle. Cela résulte de nos observations dans l'arrondissement de Montreuil et dans une notable partie du département de la Somme.

A partir du XII° siècle, dit Raoul Glaber, on reconstruisit partout les églises, même celles qui avaient résisté aux injures du temps. On sait de plus que les artistes du XIII° siècle se gardèrent de remanier les édifices religieux du XII°, mais ils se décidèrent toujours à les rebâtir complètement parce que leur construction était défectueuse.

De là, le peu de monuments contemporains des XI° et XII° siècle dans le Nord de la France, le Pas-de-Calais en particulier, tandis que dans l'Isle de France, le Beauvaisis, le Vexin, même dans les départements de Saône-et-Loire, Aisne et en Bourgogne on rencontre ces édifices.

Le XIV° siècle ne fut pas heureux pour la France ; comme la plupart des Eglises du Nord, St-Jean de Berck a été éprouvée par les guerres de l'époque. La guerre de Cent ans fit entrer Berck dans une nouvelle ère de ravages : le village était trop près de l'Angleterre pour n'avoir pas été le point de mire des armées en présence.

Au lendemain de la désastreuse journée de Crécy livrée en 1346 dans les environs, Berck a du être brûlé comme Etaples que les Anglais d'après Froissart incendièrent et pillèrent à différentes reprises.

A la même époque, le territoire de Berck fut envahi par les sables ; les maisons et les cabanes disparurent avec l'Eglise. Les habitants quittèrent leur pays ; les différents passages des Anglais contribuèrent à tout ruiner. Ceci est important pour l'histoire de l'Eglise. A leur retour les Berkois relevèrent leur phare qui tombait en ruines et par économie lui adossèrent un vaisseau d'Eglise avec deux nefs.

Par sa forme irrégulière, l'Eglise de Berck offrait un problème dont nous croyons avoir trouvé la solution ; mais, hâtons-nous de dire que notre opinion n'est pas indiscutable. Il est permis d'admettre par induction cette hypothèse. Le XVe siècle s'ouvrait au milieu des rivalités de deux partis qui se disputaient la France déjà déchirée par les guerres des Anglais. D'après les documents recueillis par le savant Henneguier, Berck fut le dernier village français occupé par les Anglais à la fin de la guerre de Cent ans sous le règne de Charles VII : en se retirant vers leur île, ils le brûlèrent entièrement et ne conservèrent que la *tour de l'Eglise*.

En quelle année cet incendie ! vraisemblablement de 1440 à 1450. Cet incendie attribué aux Anglais d'après les notes émanant de M. Henneguier, pourrait avoir aussi bien été allumé par les Français en 1435 alors que sous la conduite de l'intrépide capitaine Charles des Marais, ceux-ci se mirent en campagne à l'embouchure de la Somme, soumirent Rue, le Crotoy, brûlèrent Etaples et se portèrent jusqu'à Boulogne et Calais chassant les Anglais de leurs cantonnements.

A cette époque Anglais et Français cotoyaient volontiers le littoral afin de pouvoir s'embarquer au besoin. Berck a dû subir plusieurs fois, au même titre qu'Etaples la mauvaise fortune que lui valait sa situation géographique. (1)

En 1475 Louis XI se mit en campagne pour s'emparer de la Picardie, de l'Artois et de la Flandre sur Charles le Téméraire ; on se battait sur tous les points du territoire. Nous voyons par des pièces authentiques conservées aux archives nationales que Berck à cette date comptait cent cinquante huit maisons ; au cours des guerres avec la maison de Bourgogne, il lui en fut brûlé cent trente sept.

L'Eglise a dû sans aucun doute subir le contre coup de ces ravages.

Berck payait alors une somme de quatre-vingt livres d'aides qui représenteraient aujourd'hui quatre mille francs de notre monnaie ; par suite de réductions, il ne fut plus astreint qu'au paiement de cinquante livres

---

(1) Communication de M. de Calonne.

dix sols. Durant toute la première moitié du XVIe siècle, Berck eut à souffrir soit le passage des Impériaux, soit celui des Anglais, principalement en 1521 (1)

Sauf quelques alternatives de trêves et de paix insuffisantes et mal observées, cette situation devait se prolonger pendant plus de deux cents ans.

Berck eut à souffrir du passage des armées en 1536 et surtout en 1537 pendant le siège de Montreuil par les Impériaux commandés par le comte de Bures, Floris d'Egmont lieutenant général de Charles Quint ; ils avaient déjà attaqué cette ville le 3 mars 1524.

Malgré le repos qu'imposaient des trêves passagères, les Anglais ravagèrent et brûlèrent les villages des environs.

En 1542 lorsque les hostilités recommencèrent avec les Anglais commandés par le duc de Norfolk qui tint Montreuil bloqué pendant trois mois, le village de Berck fut pillé et ravagé à diverses reprises (*Arch Nat*)

Dans cette grande lutte où les armées françaises eurent à combattre tour à tour les Anglais maîtres de Boulogne et les Impériaux maîtres d'Hesdin, Berck était journellement en butte aux incursions, aux déprédations et à toutes les inquiétudes que font naître le voisinage de l'ennemi.

Quel fut le sort de l'Eglise de Berck à ces époques tourmentées ! La vérité est que nous n'en savons rien. Il est permis cependant de conjecturer qu'elle ne fut pas indemne de ravages.

Une lettre publiée dans les *state paper* confirme l'état de désolation générale :

« Le Boulonnais est tellement brûlé et pillé que les
« Français ont grandement raison d'être irrités. Vendô-
« me a vu sa ville et son château d'Hucqueliers brûlé
« pendant qu'il était à Montreuil à sept milles de là.

---

(1) *Note historique* — Dans les 3115 livres parisis 9 sols 6 d. que rapportait en 1521 la chatellenie de Beaurain à la mort de Ferry de Croy, Berck figure pour 120 l. 19 s, 4 d.

(*arch du P-de-C*) Le revenu de la chatellenie de Beaurain était presque doublé lorsque Henri III prétendit au siècle suivant déposséder les comtes de Roeulx en vertu d'une clause de la donation qui autorisait le retrait de Beaurain au profit de la couronne moyennant cinq cent chaises d'argent (monnaie du temps de Charles VI valant 16 fr. 30, soit 8100 fr.)

« Tout le pays que nous avons parcouru a été brûlé
« et toutes les *places fortes, soit châteaux, soit églises
« fortifiées ont été ruinées.*

Aux malheurs de la guerre vinrent s'ajouter des désastres atmosphériques.

L'Eglise de Berck aux XV et XVIe siècles s'est profondément ensablée et le territoire de Berck modifié. Le Berck d'alors n'occupait pas l'emplacement actuel ; les maisons ou plutôt les cabanes étaient situées un peu plus du côté de Verton et Groffliers. La tradition a conservé quelques souvenirs de ces cataclysmes. Au XVIe siècle d'énormes masses de sable poussées par des tempêtes, enlisèrent l'Eglise de Berck et en 1534 recouvrirent le village de Guienaux entre Berck et Merlimont. En 1632 l'Eglise encore ensablée ; nous voyons d'après les termes de l'aveu que fit Charles de Croy le 26 juillet 1632 qu'une immense étendue de terres labourables, de prairies et de pâtures ne produisait aucun revenu parce qu'elle avait été envahie par les sables, aussi plusieurs vassaux occupaient-ils des terres à la condition de les protéger contre les envahissements de la mer qui faisait de jour en jour de nouveaux progrès. En 1748 un raz de marée avait détruit l'église alors importante de Groffliers. Au commencement de ce siècle une montée extraordinaire de la mer détruisit l'extrémité des communaux de Berck, le hameau de la Rochelle près de l'ancienne ferme de Valloires ; l'Eglise s'affaissa encore. En 1889 en fouillant l'intérieur de la nef de l'Eglise de Berck on a trouvé trois carrelages superposés. Les anciens du pays rapportent que le sol en cet endroit était de quatre mètres (1) plus bas et que la porte et le pavage originaires sont profondément enfouis. D'après M. de Calonne on pénétrerait dans l'Eglise actuelle par la fenêtre qui surmontait jadis le portail. (2)

Rentrons dans notre partie historique : Nous ne suivrons pas les historiens nous racontant qu'en 1541, à la faveur des querelles qui ne cessaient de surgir entre Henri VIII et François 1er, par suite des intrigues de Charles Quint, le monarque anglais débarqua en France ; qu'en 1544, Charles Quint partit de Douvres pour Boulogne et que le maréchal de Biez pendant ce temps-là gardait Montreuil menacé d'une attaque combinée des Allemands et des Anglais.

Disons de suite qu'en 1544, pendant le siège de Mon-

---

(1) Fouillé en 1889 par M. P. Baillet dit Pierre Jean.
(2) Dict. arch. p, 321

treuil les Anglais vinrent un jour à Berck brûler deux cents maisons, l'*Eglise* et le moulin (*Arch. Nat.*)

Les conséquences de ce vandalisme furent terribles ; Berck pris, devint la propriété du vainqueur et ses habitants partirent pour chercher un autre asile. Ce qui restait du village fut détruit lors du passage de l'armée du dauphin chargé de reprendre Boulogne (1)

Avant la guerre il y avait à Berck mille huit cents habitants et trois cents maisons.

La paix faite, il n'y restait que deux cent cinquante personnes, vingt maisons et quelques huttes (*titre des Arch. Nat.*)

Conséquences terribles de ces guerres effroyables *Bella horrida bella !* de ces guerres, comme dit le poëte, détestées des mères ! *Bellaque matribus detestata.*
Enéide VI.

Il est donc avéré qu'en 1544, l'Eglise de Berck fut brûlée. Mais, si nous avons la date de cette destruction il est plus difficile de fixer exactement l'importance du dégât. Toutefois nous croyons, après un examen attentif, une étude sérieuse de toutes les parties de l'Eglise, que l'on peut se permettre d'avancer ceci :

La nef, œuvre du XIVe siècle ne conserva que ses piliers ; elle était, avant l'incendie, beaucoup plus longue ainsi que le bas côté ; on peut s'en rendre compte par ce fait que deux piliers actuels avancent sur le chœur. Quant à ce dernier, il fut entièrement brûlé.

La reconstruction de l'Eglise se poursuivit dès la seconde moitié du XVIe siècle ; la reprise des travaux du chœur eut lieu de 1545 à 1550 ; les pendentifs ne sauraient être attribuées, pas plus que le croisillon, à une époque plus éloignée.

Tout ce que nous rapportons dans cet opuscule provient de renseignements pris aux sources les plus autorisées ; on nous a signalé (*arch. part.*) que le chœur de l'Eglise de Berck avait été reconstruit au XVIIe siècle de 1610 à 1630. Nous n'avons vu nulle part ce fait infirmé ; cela se pourrait-être, mais les données archéologiques ne viennent nullement corroborer les dates historiques , comment alors supposer la destruction de ce chœur au XVIIe siècle, nous ne pensons pas que l'incendie de l'Eglise ait été allumé par les

---

(1) Communication de M. J. Braquehay de Montreuil.

mains ennemies au XIII⁰ siècle; si ce chœur a été brûlé postérieurement au XVI⁰ siècle, ce serait par ce qu'on appelait « un feu de marechef », accident ou foudre.

Ce chœur est l'œuvre des moines de St-Josse-s-Mer dont l'abbaye avait le droit de présentation à la cure de Berck. (1)

Tout seigneur décimateur ou présentateur d'une paroisse ecclésiastique ou laïque devait entretenir à ses frais le chœur de l'Eglise et le relever de ses ruines le cas échéant. La nef se trouvait à la charge de la communauté des habitants aussi bien que le clocher. Ainsi s'explique ce fait que l'on constate souvent, que le chœur d'une Eglise de village revêt un aspect presque somptueux que n'ont pas les nefs, telle l'Eglise de Berck, parce que généralement les seigneurs et les gros décimateurs avaient le moyen de faire plus de dépenses que les communautés. Ainsi le chœur de l'Eglise de Beaurain date du XVI⁰ siècle et fut bâti par les seigneurs du lieu ; celui de St-Michel d'Etaples fut rebâti en 1701 par les Religieux de St-Josse.

Les chœurs des Eglises de Verton (XV⁰ s.) Tigny-Noyelles bâti aux frais de l'abbaye de Dommartin au XVI⁰ siècle ; Brimeux XVI⁰ siècle ; Buire-le-Sec bâti au XV⁰ siècle par les chatelains de Beaurain ; Maresquel (1ʳᵉ moitié du XVI⁰ siècle) ; Marles dont les clefs de voûte accusent le XVI⁰ siècle, et tant d'autres de l'arrondissement de Montreuil ont, comme celui de

---

(1) Au commencement du XVIII⁰ siècle (1722) les Religieux chartreux de Notre Dame des Prés percevaient des rentes montant à 1 l. 1 s. 10 d sur Berck et Verton.

Les personnes qui devaient ces rentes s'appelaient d'après « Lefebvre, » (La Chartreuse de Notre-Dame des Prés à Neuville p. 339 et 342 de la première édition), Crede, Pauchet et le Pot.

P. 475 de la seconde édition du même ouvrage. Cet auteur nous donne le détail suivant :

Berck et Verton

Louis Crede pour trois journaux de pré à Berck 11 s 03 deniers.

Jacques Pauchet pour trois journaux et demi de terre au lieu dit « au Rideau » 5 s. 07 d.

Isaac le Pot pour deux journaux de terre à la Fontaine de Verton 5 s.

Berck des proportions architecturales beaucoup plus belles que celles de la nef.

Dans le courant du XVII° siècle, St-Jean de Berck n'offre pas d'intérêt au point de vue archéologique et il est facile d'en comprendre la raison, puisque quelques travaux d'entretien suffisaient à cette église. Depuis la fin des grands travaux exécutés à l'Eglise au cours du XVI°, la fabrique de l'Eglise s'était bornée à renouveler l'ameublement de l'édifice : pendant la période qui correspond au milieu du XVIII° siècle, elle se contenta de l'entretenir.

C'est ainsi qu'en 1725 elle fit refaire par P. Voisin maître-vitrier à Montreuil les vitraux de l'Eglise et fit entreprendre des remaniements à la toiture par J. Carpentier à Verton (comptes de 1723 à 1725,) et aux charpentes par Boudoux.

Dans le courant des années 1729 à 1732 nous relevons les dépenses suivantes :

A Fr. Baillet pour réparation des colliers de cloche. . . . . 3 l. 10 s.

A J. Bouville cordier pour une corde à la grosse cloche. . . . . 7, 10 s.

Pour réparation d'une poutre . . . . 8, 15 s.

A P. Malingre maître-charpentier pour doubles gîtes et planches au clocher . . 44 l.

Aux ouvriers qui ont travaillé au coq du clocher . . . . 26, 10 s.

A Ant. Dubos m° vitrier à Montreuil pour réparations aux vitraux de l'Eglise 21, 10 s.

A Waast Groux « m° masson » pour pavage de l'Eglise pendant treize jours . . 18, 8 s.

En 1741 la fabrique dépensa 380 livres pour faire renouveler la toiture et la charpente de la chapelle du rosaire (croisillon) par le couvreur J. Simon ; L. Tillette charron, pour fourniture de « cinq chênes pour faire *essoangles* » reçoit 57 l.10 s.— En 1752 le « masson Froiart s'engage à réparer le pavé de l'Eglise pour le prix de trente-sept livres »

La fabrique de Berck conclut au commencement de 1756 un marché avec François Pichart maître doreur pour embellir le chœur et décorer le sanctuaire : la dépense d'après une quittance du 21 avril 1756 s'éleva à deux cent trente-quatre livres.

Deux ans après la fabrique fit entreprendre par François Lebas des remaniements à la toiture de l'Eglise ; pour avoir « couvert l'Eglise il demanda 69 livres dix sols. » La même année d'importants travaux furent entrepris à l'intérieur de l'Eglise : François Macquet fut chargé de refaire l'arcade qui séparait la nef du chœur, travail qui avait dû être effectué primitivement d'une manière défectueuse ; ce fut un sieur Sellier qui fournit les briques ; le « travail et la livraison furent évalués à cent quatre-vingt-seize livres dix sols neuf deniers » *(comptes de 1758 à 1761.)* En 1766 on jugea nécessaire de faire exécuter différents travaux.

La fabrique conclut tout d'abord le 24 juillet avec P. Delacroix marchand de bois, un marché par lequel celui-ci se chargeait de « livrer les planches pour l'Eglise » ; la dépense totale avait été estimée à cent quinze livres dix sols. Dans le courant du mois d'octobre elle conclut un marché avec un couvreur nommé Alexandre Fossé pour la « couverture du chœur, réparation de la voûte en maçonnerie, couverture de trois piliers » ; ce travail lui fut payé 168 livres *(quittance du 25 octobre 1766).* Dans le cours de cette même année, elle fut obligée de faire réparer par Ch Malingre entrepreneur, les couvertures de l'Eglise et dépenser quatre cent sept livres ; la livraison des clous *(70,000)*, fut confiée à François Duverger de Montreuil qui demanda cent soixante-dix-sept livres. Le quinze décembre, un sieur Duburquois de Montreuil « pour livraison de fetissures pour l'Eglise donne quittance de sept livres. »

En 1767 l'Eglise de Berck avait besoin d'urgentes réparations, le sieur Alexandre Fossé de Montreuil demanda cent livres pour entreprendre « le blanchissage de l'Eglise et exécuter quelques réparations à la chaire de vérité. » Une quittance datée du 27 avril 1767 nous apprend que le même A. Fossé reçut « deux cent soixante-deux livres huit sols » pour la « couverture de la chapelle du Rosaire, pour découvrir la voûte du chœur et réparer le clocher. »

Il nous reste à mentionner les dépenses suivantes faites par la fabrique cette année 1767 :

1° à Duburquois de Montreuil pour livraison de tuiles d'après son devis : 104 livres.

2° à la Vᵉ Boulogne de Montreuil « pour livraison de la « croix au haut du chœur » 16 août 1767 : 101 livres.

3° Carpentier plombier à Montreuil pour avoir « fondu et fourni le surplus du plomb à fetissures du chœur, » reçoit par quittance datée du 16 avril : 44 l. 2 s.

La fabrique entreprit, au nom de l'art et du bon goût une série de réparations ; par quittance datée du 1er octobre, J. Bourgeois vitrier à Montreuil reçoit 15 livres. Elle conclut un marché avec J. Thuillier par lequel celui-ci se chargea de « voiturer des fetissures et de l'eau de mer pour blanchir l'Eglise. » Nous avons recueilli beaucoup d'indications prouvant ce blanchiment de l'édifice.

On peut se figurer aisément quel effet déplorable le badigeon à la chaux devait produire. Ce J. Thuillier reçut pour ce travail que l'on exécutait aux approches de la ducasse une subvention de quatorze livres. C'était une profession singulière que celle d'entrepreneur de badigeonnage mais qui devait être fort lucrative au XVIIIe siècle, puisque nous voyons les cathédrales de Chartres en 1772, l'Eglise St Eustache de Paris 1781, St Maclou de Pontoise blanchies dans tout l'intérieur « par une véritable peinture et non par un simple badigeon à la chaux et à la colle, car il était convenu que cet enduit ne devait pas s'enlever par un simple frottement. » (1)

En 1771 la fabrique s'occupa de la restauration de la fenêtre de l'abside, elle donna les réparations de « maçonnerie d'un grand pilier du chœur à l'entrepreneur Alexandre Fossé » ; une somme de trente-six livres y fut consacrée.

Au mois de septembre 1771 les marguilliers payent huit livres à P. Maubaillant chaudronnier à Montreuil pour travaux au coq du clocher. Une quittance du 20 septembre 1771 nous apprend que la fabrique entreprit la restauration complète du clocher et fit refaire la maçonnerie et la couverture des piliers. Une somme de 352 livres fut dépensée pour exécuter ces divers travaux.

En l'année 1777 la fabrique voyant l'état de dégradation du bas-côté de l'Eglise, le fit entièrement restaurer ainsi que les couvertures qui devaient avoir eu beaucoup à souffrir des vents et de l'air de la mer. Un marché fut conclu avec Alexandre Fossé : pour entreprendre ce travail qui ne fut terminé qu'en octobre 1777 il demanda 309 l. 10 s. (*comptes de 1775-78*) pour livraison de 6000 ardoises et 200 planches ayant servi à couvrir le bas-côté et pour le blanchiment « à la chaux de la chapelle du rosaire » J. Lecul reçut 61 livres pour travaux de maçonnerie et réparations à l'Eglise. (*ibidem*)

---

(1) St Maclou de Pontoise *le Pontalis* p. 56

L'année 1780 occupe une place dans l'histoire de l'Eglise de Berck ; les restaurations dont elle avait un urgent besoin venaient à peine d'être terminées, quand une tempête d'une violence extrême se déchaîna sur Berck le 21 octobre 1780. Les fenêtres de l'Eglise furent défoncées et leurs vitraux brisés laissèrent la pluie pénétrer librement à l'intérieur de l'édifice ; la force du vent dispersa presque toutes les ardoises des toitures dont les charpentes eurent également à souffrir. Cet ouragan amena la chute de la partie superieure de la nef et probablement aussi celle des contreforts. La tour de l'Eglise, qui servait de phare de temps immémorial fut très endommagée et le guetteur y périt. A la suite de ce feu de « marechef » l'aspect de l'édifice fut modifié, mais ce qui nous surprend, c'est que la fabrique ne fit pas faire les réparations immédiatement ; elle ne dépensa en 1780 et 1781 que 117 l. 6 s. 8 d. pour « travaux de maçonnerie et toiture à l'Eglise (*Comptes de* 1778 à 1780.)

Le travail devait être coûteux et la fabrique ne put, sans aucun doute réunir l'argent nécessaire pour l'entreprendre car les grands travaux ne furent exécutés que de 1781 à 1784. D'après l'usage constamment suivi pendant tout le moyen age et jusqu'à la Révolution l'entretien du chœur et du sanctuaire était à la charge du gros décimateur, c'est-à-dire des moines de St-Josse, tout le reste de l'édifice à la charge des habitants.

La tour qui avait été exhaussée une première fois vers 1600 (1) fut réparée en pierres blanches ; nous reparlerons de l'exécution de ce travail dans un chapitre spécial. La toiture de la nef fut rétablie et on construisit en petites briques les contreforts.

Pour effacer les traces du désastre, la fabrique adjugea les réparations de maçonnerie à J. Lecul. On s'occupa ensuite de remonter les cloches : la plus grosse fut remise en place en 1782 par Grandin maréchal à Groffliers, la petite fut replacée en 1784 par Philippe Macquet.

Les travaux se poursuivirent dans le courant des années 1784-1785.

Les poutres furent complètement changées et la dépense nécessitée pour cette opération peut être évaluée à 316 livres y compris le montage par Caudon, charpentier à Montreuil ; les ferrures destinées à les

---

(1) Arch. part.

consolider furent forgées par un maréchal de Waben qui s'appelait Mariette moyennant une somme de trente-neuf livres.

Vers la même époque on confia le badigeon de l'Eglise au peintre Lecul ; ce travail était évalué (*comptes de 85-87*) à 182 livres ; la même année, 26 septembre 1785 ce même Eloy Lecul présenta à la fabrique un mémoire de 70 livres pour avoir peint les saints de l'autel (aujourd'hui disparus).

Il faut mentionner, pour être complet, la commande de bois faite à Noël marchand de bois ; la fabrique entreprit avec celui-ci une série de négociations ; il livra les planches pour l'Eglise, moyennant 210 livres ; et réclama pour les voiturer 10 livres. Le lendemain la fabrique paya à Duverger, cloutier, un mémoire de 39 l. 10 s pour livraison de clous pour couverture du clocher. Il parut urgent, vers le même temps d'acheter un confessionnal ; le 5 avril 1786, la fabrique signa avec le sieur J-B Leroy, menuisier, un marché pour cette acquisition dont la dépense totale fut estimée à 170 livres ; le lendemain elle confia à Doudet la réparation des stalles pour 15 l. 4 sols. Ce même mois d'avril un sieur Deschampt, couvreur, demanda 36 livres pour entreprendre diverses réparations à la tour, à la croix et au coq qui la surmonte. La réparation des vitres au prix de 99 livres fut donnée à Suisse et à Gabier vitriers. Enfin Verdelet, plombier à Montreuil pour livraison du plomb et travaux « au noc de l'Eglise » donne quittance de 175 l. 12 sols. Tel était l'état dans lequel se trouvait l'Eglise de Berck au moment où la Révolution allait éclater.

Malgré les diverses réparations mentionnées ci-dessus, la fabrique de Berck s'engagea dans une voie de travaux dans le cours des années 1789-1790. Voulant embellir l'Eglise en août 1790 elle fit faire des lambris par Durandras, charpentier à Montreuil qui les livra pour le prix de 207 livres, y compris le travail et le bois livré. En juin 1790, J-B Leroy, menuisier à Vron reçut ordre de présenter son mémoire pour un lambris, il s'élevait à 215 livres. La fabrique voulut compléter la décoration de la nef ; un marché fut passé avec Roussel, menuisier à Abbeville pour y installer la chaire ; ce travail fut évalué à la somme de 185 livres. Elle fut transportée à Berck par le voiturier Bouville (de Berck) moyennant 11 l. 5 s. ; un nommé F. Cochois maître-serrurier à Abbeville fit les ferrures nécessaires et « pour avoir fait placer la nouvelle chaire dans l'Eglise » reçut 40 livres.

La fabrique s'occupa, pendant la période comprise du 9 avril au 10 juin 1790, d'entreprendre des remaniements complets aux toitures et aux lambris ; elle s'engagea avec le sieur Frioncourt pour livraison de planches au prix total de 230 l. 18 s. Protin d'Hesdin fut chargé de fournir 4000 ardoises pour l'Eglise ce, pour 104 l. ; les clous nécessaires à l'exécution de ce travail provenaient de la veuve Lerul de Montreuil qui demanda 107 l. 14 s. Pendant l'année 1790 l'exercice du culte n'eut à subir aucune interruption. Le 8 août 1790 F. Lecul maçon que nous avons déjà vu travailler à l'Eglise fut chargé de faire des travaux de maçonnerie moyennant 90 L.; il se chargea les 29 juin, 6, 9 et 30 novembre 1791 de différents travaux à l'intérieur de l'Eglise, les marguilliers lui remirent 172 livres 10 s. (c. de 1791-93)

Le curé de cette époque, dont nous reparlerons dans un chapitre ultérieur, refusa de prêter le serment à la Constitution civile du clergé. Il fut remplacé par un prêtre assermenté.

Le culte continua à être célébré jusqu'en 1793 époque où les emblèmes armoriés disparurent. Il est difficile de déterminer les objets disparus pendant la tourmente révolutionnaire. Le seul dommage à notre avis fut la perte d'un sépulcre semblable à celui de St-Josse, en pierre dure et provenant comme un chapiteau du chœur d'un rocher dont on n'a connaissance que par la tradition ; ce sépulcre d'emplacement indéterminé remonterait vraisemblablement au XVIe siècle et serait contemporain de ce même chapiteau. Il est permis de supposer que la petite cloche fut perdue à cette époque. Les saints, descendus de leur niche furent placés sous le porche.

Les premiers mois de 1793 l'Eglise de Berck fut utilisée pour les réunions et devint par la suite, Temple de la Raison ; les marguilliers s'étaient réunis régulièrement. Le culte rétabli en 1802, l'ancien curé reprit ses fonctions.

Au Concordat, le conseil de fabrique reconstitué fit faire des réparations à l'Eglise ; le beffroi de la tour fut consolidé. Au moment où le XIXe siècle allait s'ouvrir, la flèche du clocher fut abattue et à sa place on mit un couronnement fantaisiste qui subsiste encore.

Au commencement du siècle, la chapelle de la Vierge, ancienne chapelle du rosaire, fut l'objet de quelques restaurations ; les fenêtres du sanctuaire furent garnies de vitres nouvelles. Au milieu de ce siècle un remaniement général de la nef entraina la disparition des autels secondaires, St Anne, St-Pierre, la Vierge, qui furent vendus à des brocanteurs. Les fonts qui se trouvaient à la première travée de la nef furent déplacés et installés dans le bas côté ; la porte de la tour qui était supprimée fut rétablie et on mura l'entrée de la nef à laquelle on accédait par une porte latérale.

On dut également faire exécuter des travaux urgents au chœur ; l'arc triomphal fut relevé ; le sol fut nivelé ; on arrivait au sanctuaire par trois marches qu'on supprima : ce dernier travail ne fut ni utile ni intelligent. Un calvaire posé sans aucun doute au XVIe siècle fut supprimé. Plus tard, vers 1850, on installa les tribunes et on entreprit de déplorables transformations à la tour ; l'escalier qui y donne accès était interdit, car à la fin du siècle dernier on en avait établi un autre à l'intérieur de la nef ; les cloches qui se trouvaient primitivement au premier étage furent remontées au second et le porche recouvert de lambris. Dès que cette affaire fut terminée, le conseil de fabrique résolut de changer les poutres de la nef, que l'on remplaça par des tiges de fer ; en même temps, d'importantes réparations étaient faites aux mêmes voûtes et les piliers en bois qui supportaient les tribunes furent enlevés et à leur place on installa des colonnes en fer. (1) Là s'arrête le champ de nos investigations purement historiques.

L'éloignement de l'Eglise de Berck en dehors de toute habitation offre une particularité digne d'attention. A quelle cause doit-on attribuer cet isolement ? On peut avancer, et c'est l'avis de M. Danvin, que les maisons voisines de l'Eglise ont été détruites par des incendies fréquents. Notre hypothèse est que la construction ultérieure des habitations à l'ouest de l'édifice eut lieu lors de la création de la Grande Rue de Berck, sur le lit de l'ancienne rivière d'Airon. Le même fait

---

(1) Jusqu'en 1814 il se trouva, sur le territoire de Berck une batterie dite du Haut Blanc qui dépendait du génie de la place de Montreuil. Elle joua un certain rôle pendant les guerres maritimes du XVIIe siècle notamment pendant la Révolution et le camp de Montreuil. Elle était desservie, avant la Révolution par les garde-côtes de la capitainerie de Verton, celle-ci divisée en trois compagnies, dites de Verton, de St-Josse et de Lépine. Les habitants de Berck faisaient partie de la capitainerie de Verton.

s'est produit à Campigneulles ; par suite de la construction du chemin de Montreuil, au siècle dernier, l'Eglise s'est trouvée seule au milieu des champs. On retrouve cet isolement d'édifices religieux assez fréquemment, les Eglises de Nucourt (Seine-et-Oise), d'Hardivillers-en-Vexin (Oise) en offrent des exemples dus au déplacement d'une voie.

Dans les documents ci-après, l'Eglise de Berck figure en dehors de l'agglomération principale, un plan de la fin de XVIe siècle et un autre de 1701. La carte des « costes du Boulenois et de la Picardie, » dressée en 1709 et imprimée à Bruxelles chez Frieux place l'Eglise de Groffliers au bord de la mer et celle de Berck en dehors du village. Sur le plan du « terrain abandonné par la mer et donné par sa Majesté au sieur du Halloy (1) par brevet confirmé par arrêt de son conseil privé en 1731, et situé entre Berck et Groffliers », les maisons sont groupées au pied du « tartre ou colline de Berck » et l'Eglise en est très éloignée. Elle se trouve non loin de l'ancien « hâvre ou embouchure de la rivière d'Airon qui formait le cy devant port de Berck à présent comblé par les sables. A l'Eglise commençait le « terrain qui a toujours été couvert des eaux de la mer de même niveau depuis le pied du tartre de Berck jusqu'à la digue de Groffliers » Un plan très intéressant et non signé est celui de la côte de Berck qui paraît être de 1752 ; le village de Berck à cette date était auprès du Moulin placé près

---

(1) La ferme du Halloy donnée par le roi à Hacot garde du corps était de la vicomté de Berck ; à partir de cette donation, ce Hacot, ancien officier de Montreuil prit le titre de sieur du Halloy. Nous donnons ces détails rétrospectifs afin de rectifier l'erreur écrite sur cette ferme par Harbaville dans le Mémorial de l'Artois et de la Picardie.

A 11 — 19 — 150 — 151. A la mort de ce Hacot qui signait Hacot-Duhalloy, son gendre un de Coursel hérita de cette terre avec un nommé de Jourre : ils la vendirent ensuite au seigneur de Berck. A la Révolution plusieurs citoyens de Berck usurpèrent quelques parcelles de ce fief qu'on leur fit rendre lors de la formation du cadastre en 1810. La croix de Halloy faisait partie du brevet de don du 2 décembre 1729. Trois cents journaux ont été distraits par arrêt du conseil du 3 mars 1731 pour servir de communal aux habitants de Berck et de Groffliers (Arch. Vas.)

du chemin de Berck à Montreuil et l'Eglise se trouvait éloignée de 55 verges de l'agglomération.(1)

En 1769 le village de Berck était très important comme on peut s'en rendre compte en consultant « le plan figuratif du village de Berck, levé sur le lieu par Louis Marie Bertin en avril 1769 » ; sur ce plan la maladrerie de Berck se trouvait « au midy du village et son éloignement dans les garennes était de 180 verges »

Le plan topographique de la garenne de Merlimont et de ses environs levé sur la réquisition des vicomtes de Wailly et Merlimont et autres arbitres choisis par les seigneurs vicomtes de Merlimont et Berck au mois d'octobre 1784 et fini en juillet 1785 par Antoine Lens, arpenteur à Aix-en-Issart est très intéressant ; on y voit un dessin de l'Eglise bien fait, nous montrant cet édifice dans son état au siècle dernier ; on remarque aussi l'élévation du clocher.

Il nous faut donc attribuer la position non centrale de l'Eglise de Berck à la construction de la grande rue qui amena le déplacement du groupe d'habitations qui formait le village primitif.

---

(1) C'est du Moulin Beaussaut qu'il est ici question. Ce moulin était banal. Avant la Révolution il appartenait aux moines de St-Josse et on le trouve désigné dans les vieux parchemins sous le nom de «Moulin des Moines»; après avoir été aliéné il fut vendu vers 1802 au Maire de Berck, Beaussaut. Il a été bâti en 1779 comme le prouve l'inscription suivante placée au-dessus de la porte :

J'ai été fait en 1779 par Elievin Dufour de Doudeauville.

A cette époque existait un atelier très important de menuiserie à Doudeauville (Somme). Le moteur de ce moulin est beacoup plus ancien. Le grand rouet porte la date de 1756. Il appartenait à un vieux moulin situé en face du moulin des Moines, moulin tombé lors d'une tempête qui sévit sur Berck en 1776.

PÈLERINAGES DES MARINS BERKOIS

Les pèlerinages remontent à la plus haute antiquité, les lieux de dévotion ne devinrent célèbres qu'avec le XIIe siècle ; car à cette époque on commença à imposer des voyages de piété comme pénitence. Nous ne ferons qu'effleurer ce sujet. Page 169 de son histoire de St-Liévin, l'abbé Robert dit « que le culte de ce saint est encore suivi par les marins de Berck et d'Etaples. »

Nous allons y consacrer quelques lignes. Les matelots de Boulogne, du Portel, comme ceux de Berck ont une confiance toute particulière dans St-Liévin honoré dans les Flandres orientales et dans l'Artois. Il mourut en 633 au village d'Esche dans le comté et pays d'Alost. Ils l'implorent ainsi que St-Pierre et la Vierge dans leurs dangers sur la mer et s'y rendent en pèlerinage les 18 juin et 12 novembre de chaque année.

On voit encore, dans la chapelle du village de Merck (édifiée sur un temple païen dédié à Mercure) un tableau dédié à ce saint où il est représenté secourant les naufragés. Tantôt on le fait marcher sur les flots sans se mouiller, tantôt il marche sur cet élément pour secourir des marins en péril sur l'Océan. Les marins de Berck avant leur départ pour faire leur service militaire, comme après leur retour vont invoquer ce saint. Une superstition Berkoise dit que pour avoir des garçons au lieu de filles, il faut faire ce pèlerinage. Les Berkois fréquentent aussi les pèlerinages de St-Riquier, Rue, St-Josse, St-Maur, Ste-Larme à Montreuil etc.

On pourrait ajouter nous écrit M. Braquehay, archéologue à Montreuil qui connaît à fond l'histoire de ce pays, que les marins de Berck ont aussi conservé le culte de Notre Dame de Grâce de Montreuil. « En effet le samedi qui précède la Pentecôte, ils viennent encore en petit nombre il est vrai, faire leur pèlerinage à Notre Dame de Grâce dans la chapelle de la Vierge de l'Eglise St-Saulve. »

« Avant la Révolution, ce pèlerinage avait lieu à l'église Notre-Dame située sur le Darnethal, dit aussi place verte. »

« Le culte de Notre Dame de Grâce remonte à une époque très reculée. » Je serais porté à y voir, nous dit M. Braquehay, une substitution aux pratiques païennes. Il est antérieur au culte de Notre Dame de Cambrai, et il eut une certaine célébrité. (1)

En 1426 et à diverses autres époques, Philippe le Bon, duc de Bourgogne, se rendit à Montreuil pour y implorer les grâces de Notre Dame et y acheter des « enseignes. »

Les enseignes (*signum*) sont des plombs religieux ayant servi d'enseigne de pèlerinage.

Chaque pèlerinage ayant un but particulier, on allait invoquer tel ou tel saint pour obtenir une grâce spéciale ; on comprend alors aisément que les pèlerins aimaient à rapporter de leurs voyages quelques souvenirs.

DESCRIPTION ARCHÉOLOGIQUE

PLAN

On a rarement la jouissance de contempler un édifice tel qu'il jaillit du cerveau de son auteur. La construction successive des diverses parties de l'Eglise de Berck peut faire aisément comprendre pourquoi son plan actuel offre une disposition assez singulière. Ce plan, dont l'orientation est à peu près exacte, se compose d'une nef de six travées, sans transept, d'un bas côté qui se prolonge par un croisillon et d'un chœur à chevet dont l'abside se termine en droit hémicycle.

Deux portails donnent accès dans l'intérieur de l'édifice ; le premier s'ouvre sur la façade, le second est percé dans le bas-côté. Le clocher s'élève comme celui de Verton en avant de la nef; cette disposition est assez rare, car dans la plupart des monuments religieux il est adossé au chœur ou placé sur le carré du transept.

Ce plan porte l'empreinte des remaniements successifs dont le monument a conservé la trace : car en entrant dans l'Eglise on est frappé de la variété de styles qu'elle présente.

L'Eglise de Berck comporte le développement suivant :

---

(1) Au moyen âge les principaux pèlerinages étaient ceux de Notre Dame de Boulogne très fréquenté au XIIIe siècle, de Notre Dame de Liesse près de Laon, de Notre Dame du Puy en Picardie.

I   Longueur de la nef sous le porche
    et du bas-côté unique. . . . ,   29 m. 20
    Longueur du porche. . . . . .   6 m. 50
    Longueur du chœur. . . . . .   6 m.
    Longueur totale de l'édifice
    dans œuvre. . . . .   41 m. 70

II Largeur de la nef proprement dite,   7 m. 40
    Largeur du latéral. . . . . .   3 m. 30
    Largeur des piliers. . . . . .   0 m. 75
    Largeur totale. . . . . . .   11 m. 45

III Longueur du croisillon. . . .   2 m. 49
    Largeur du croisillon. . . .   3 m. 08

IV La hauteur sous voûte du croisillon (à l'arcade en tiers point) est de 4 mètres ; celle du bas-côté, du sol au plafond est 3 m. 60 ; le chœur est porté à 6,40 intérieurement, et la nef a près de 10 mètres.

V Le beffroi du clocher a 5 mètres carrés et la hauteur de la tour est d'environ 30 mètres.

La nef principale, du narthex au chœur est divisée en six travées d'égale largeur. Son vaisseau n'est pas relié, mais simplement adossé à la tour. La voûte en berceau ogival qui la recouvre aujourd'hui est assez élevée car il n'y a pas de combles ; elle affecte la forme d'une carène en plâtre et en lattis et n'est pas ancienne. Chacune des travées de la nef est déterminée par un grand arc en tiers-point dépourvu de toute espèce de moulures et repose sur des piliers en grès très surbaissés, le premier est rectangulaire ; les autres sont octogones et sans profil. Leurs chapiteaux, d'un petit diamètre sont à un mètre dix au-dessus du niveau du pavé ; leur corbeille est sans ornement ; l'abaque ou tailloir de ces supports se compose d'un chanfrein couronné d'un filet, les arêtes sont émoussées ; la face de ces chapiteaux est complètement plate du côté du bas-côté.

Tous les piliers ont subi des remaniements maladroits qui en ont altéré le profil : ainsi le tailloir du second pilier n'a que 0 m. 05 d'épaisseur ; celui des autres est de 0 m. 20. Quant aux bases elles sont trop ensablées pour que nous puissions les décrire. Par suite des remaniements des piliers et de la voûte, il devient, sinon impossible, du moins difficile d'en déterminer la date ; nous ne croyons pas cependant qu'ils puissent remonter au XIIIe siècle, *Habent sua fata* !

On remarque dans la nef, sur le mur latéral deux anciens chapiteaux ; l'un à la troisième travée à partir du porche est un écusson soutenu par un homme de carnation dont les mains sont appaumées ; il est tellement effacé qu'on distingue seulement deux chevrons, l'attribution de cette armoirie nous est inconnue mais d'après sa forme doit remonter au XIVe siècle.

A la travée suivante un ange aux yeux allumés, soutient de ses ailes un écu français du plus beau temps de l'art féodal ; il est complètement fruste.

Ces deux chapiteaux, qui pourraient bien être de fantaisie, sont ou des pierres ayant appartenu à l'ancienne église (celle du XIIIe siècle) ou beaucoup plus probablement des supports de statues données par les anciens seigneurs de Berck. Cette dernière hypothèse a quelque valeur par suite des dimensions de ces chapiteaux: 0 m. 30 de hauteur et 0 m. 20 d'épaisseur.

Il faut rejeter comme dénuée de fondement l'idée de certaines personnes qui voient, dans ces restes de chapiteaux les supports des retombées d'un bas coté Nord.

Les autres parties de la nef n'offrent aucun intérêt archéologique et sont dépourvues de toute ornementation architecturale. On serait tenté de croire que l'architecte qui l'a élevée primitivement et ceux qui l'ont remaniée, ont eu présent à l'esprit ce précepte d'Horace : *denique sit quod vis simplex, duntaxat et unum.*

Dans son état actuel, la nef est éclairée au moyen de cinq fenêtres qui ont été relevées à l'époque moderne.

*

SUR LA DATE DE LA NEF DE L'EGLISE DE BERCK

Notre partie historique était imprimée lorsqu'on nous a émis quelques doutes sur ce que nous avions avancé au sujet des dates de la construction primitive de l'Eglise de Berck : nef XIVe siècle, chœur entièrement reconstruit au XVIe. Le doute provient de ce que nous ne sommes pas d'accord avec les personnes qui ont écrit sur cette église. Ce serait de la superfétation de reprendre nos théories et de faire un cours d'archéologie sur les monuments de notre région à cette époque si tourmentée du XIVe siècle.

Si les voûtes en croisée d'ogive existaient actuellement, elles jetteraient un jour nouveau sur notre travail, mais une amorce d'une branche d'ogive qui subsiste encore à un pilier du chœur nous permet conformément aux textes historiques de placer la construction de la nef au XIV° siècle. Par leur forme les piles de cette nef ne peuvent renfermer des piliers plus anciens, et ils appartiennent certainement au style ogival tertiaire.

Du reste, les personnes qui liront attentivement notre travail verront que nous n'avons rien avancé à la légère, que les sources où nous avons puisé sont scrupuleusement indiquées. Si dans certaines appréciations nous ne nous prononçons pas catégoriquement c'est aux archéologues qu'il appartient de contrôler ce que nous avançons, de rechercher et mettre en lumière les documents nécessaires à l'histoire de l'Eglise de Berck.

Notre conclusion est qu'on ne peut attribuer aucune partie apparente de la nef, ni du monument au XIII° siècle, les données historiques et l'étude archéologique en font la preuve certaine.

Le *bas-côté*, comme la nef à laquelle il est accolé a subi un grand nombre de modifications qui ont altéré son style. De même que la nef, dont le profil est analogue, il ne fut jamais voûté ; il est recouvert d'une simple charpente et d'un plafond moderne d'un effet disgracieux, les lignes de jonction, malgré une couche de badigeon n'étant pas dissimulées; il a toujours supporté un toit en appentis.

Quant aux trois baies de cette partie de l'Eglise, leur encadrement a été refait dans ces dernières années. Le collatéral communique avec le croisillon par une arcade en plein cintre très surbaissée qui renfermait jusqu'en 1847 l'autel St-Anne.

Le croisillon divisé en deux travées de largeur égale appartenant au XVI° siècle, communique 1° avec le bas-côté par un arc cintré qui s'appuie sur le pilastre de la sixième travée (refait au commencement de ce siècle) et sur le mur latéral ; 2° avec le chœur par un arc en tiers point reposant sur un pilier refait maladroitement en 1883.

Il est encadré par un arc en tiers point ; ses deux travées sont couvertes de voûtes sur croisées d'ogive à nervures prismatiques et les claveaux sont ornés d'un méplat sans tores ; les doubleaux qui les séparent forment un cintre légèrement brisé. Tous les arcs établis pour soutenir la voûte du croisillon retombent sur des culs de lampe hexagonaux peu saillants, en pierre jaune qui tiennent lieu de chapiteaux : ils sont au nombre de cinq. Les nervures de l'abside s'amorcent sur des emblèmes héraldiques malheureusement cachés par le retable de l'autel sur lequel on voit une peinture du XVIII° siècle.

Quant à la fenêtre qui s'ouvre dans cette partie, elle a été remaniée et surbaissée au milieu de ce siècle, à la suite d'un vol important commis dans l'Eglise.

Les chapiteaux de la nef et du bas-coté sont comme nous l'avons décrit, fort simples, le croisillon au contraire dans sa sculpture décorative offre un choix de motifs intéressants à étudier malgré les détériorations que le temps lui a fait subir, (les clefs de voûte étant cassées) et les restaurations maladroites (piliers et fenêtres). Ces culs de lampe représentent des personnages dont l'attitude est tirée des mœurs et occupations locales et manifestent admirablement l'imagination exhubérante de l'artiste de cette époque.

Un homme coiffé d'un béret relevé sur le front compte une pile d'argent qu'il tient dans la main droite reployée ; la gauche soutient la tête (un mareyeur sans doute.)

Nous avons noté, dans notre esquisse historique l'usage local qui était que les habitants de Berck allaient porter leur grain au moulin de Tigny. Les vassaux du seigneur de Berck ne pouvaient avoir de four, de colombier sans son autorisation. Aux termes de l'aveu du 26 juillet 1632 le vicomte de Berck établit un four à ban où ses sujets doivent venir cuire leur pain ; sa qualité de *seigneur fondateur de l'Eglise* oblige le curé à le recommander aux prières de ses paroissiens (1)

Un cul de lampe (première nervure côté droit) fait allusion à l'ancien four seigneurial ; il représente le four à ban du vieux Berck situé près du Calvaire Blanc et qui rapportait un droit aux différents seigneurs qui se sont succédé dans la terre.

Le boulanger coiffé d'un béret suivant la mode de l'époque, à demi courbé devant le four béant tire son ponchet (pain en patois) de la main gauche, la droite

---

(1) *Archives du château de Verton.* Aveu parchemin original.

tient la pelle qui repose sur sa jambe gauche placée horizontalement.

Ce sujet est très intéressant. Du reste, les sculpteurs ont souvent représenté les métiers ; comme on le voit dans les stalles de la cathédrale de Rouen, accoudoirs d'Amiens, anciennes miséricordes de l'Eglise St-Spire de Corbeil, (1) stalles de l'Eglise de l'Isle Adam (S-et-O) où le boulanger, debout devant le four surveille la cuisson. A l'exposition du Trocadéro (1889) une miséricorde de l'abbaye de St-Denis du XV° siècle offre ce sujet mais là, on n'est pas en présence d'une simple représentation de métier ; il y a une scène de ménage : le boulanger est suivi de sa femme qui joint les mains devant un four d'où s'échappe un homme du côté opposé (2)

Le troisième cul de lampe est un ouvrier qui fait une barque. L'homme assis sur le jarret tient de ses deux mains un outil qu'il est impossible de déterminer ; — Les quatrième et cinquième culs de lampe représentent des anges.

On peut dire de ces pendantifs que c'est une efflorescence de l'art réunissant dans une foule de petits chefs-d'œuvre les productions diverses, de la saison qui finit et de celle qui vient d'éclore.

Le *chœur* a été reconstruit, comme le croisillon entièrement au XVI° siècle.

Il est divisé en deux travées, recouvert d'une voûte sur croisée d'ogive. Sa partie droite se termine en hémicycle. — Il communique avec la nef par un doubleau en cintre brisé sans tores ni méplat datant du XVIII° siècle qui s'appuie de chaque côté sur deux massifs carrés flanqués de lourds piliers. Ce chapiteau d'un effet disgracieux est formé d'une console d'un caractère lourd dont le tailloir est décoré d'un dé de pierre assez épais, avec moulures. Cet arc fut ajouté après la construction du chœur, car on distingue dans l'angle Nord-Est une amorce qui paraît faire partie d'une branche d'ogive de l'ancienne construction.

Les piliers de cet arc en plein cintre ont remplacé les piliers primitifs et ont été repris en sous-œuvre en 1832.

Leurs anciennes proportions n'ont pas été conservées

---

(1) D'après Millin.
(2) N° 179 du catalogue.

car on a diminué la largeur et on les a surbaissés ; leur largeur était d'environ deux mètres ; ils renfermaient deux autels : (St-Pierre et de la Vierge).

On peut se rendre compte du profil primitif de l'arc en examinant celui qui sépare le croisillon du bas-coté. Les deux travées qui forment la partie droite offrent une ressemblance absolue avec les travées de la nef ; l'architecte chargé de la reconstruction de cette partie conserva ces travées par économie ; elles constituent un non sens archéologique ne se rapportant pas avec l'ensemble du chœur. De l'examen de ces deux travées il résulte qu'au XVe siècle la nef devait être de beaucoup plus longue.

La voûte sur croisée d'ogive est ornée d'une arête entre deux tores amincis, et est renforcée de formerets ; elle est soutenue par des branches d'ogive réunies à une clef centrale ; leur profil prismatique accuse le style de la fin du XVIe siècle.

Ainsi, au lieu de s'élever suivant le génie primitif, les arcs tendaient à se rapprocher du sol.

Le profil, la moulure et le bandeau de la voûte font de ce chœur un charmant spécimen de l'architecture de la Renaissance qui est venue se substituer lentement à l'ancien style dans le Ponthieu où les exemples de pure Renaissance sont rares, car on était resté fidèle à l'architecture ogivale, à l'arcade en tiers point. Le style roman dura jusqu'au milieu du XIIe siècle ; c'est alors que commence la période ogivale qui ne se termine qu'au commencement du XVIe siècle. Recueillant la riche succession de l'art qui finit, l'art gothique n'a connu ni les tâtonnements ni les défaillances d'un art qui débute.

Jamais peut-être, à aucune autre époque, constructeurs et artistes ne furent mieux préparés à résoudre les problèmes et les difficultés que peuvent faire surgir l'architecture et les autres branches du dessin.

C'est le style ogival qui fut et restera la plus haute expression plastique de l'inspiration religieuse.

La Renaissance dont l'art mérite plutôt le nom de moderne que d'ancien, n'appartient pas, pour ainsi dire au domaine de l'archéologie.

Le profil de la voûte du chœur de l'Eglise de Berck, rappelle celui des Eglises St-Eustache de Paris, St-Etienne du Mont, St-Pierre de Caen, *si parva licet componere magnis*. On ignore malheureusement le nom de l'architecte qui en a conçu le plan, mais le caractère de la construction prouve que c'était un véritable maître dans l'art de construire.

Le détail le plus saillant de ce *salmigondis* architectural représente, au point de rencontre des branches secondaires des nervures de la croisée, les quatre évangélistes. La représentation des divers sujets de l'apocalypse est très fréquente chez nous ; il n'y a pas d'Église, pour ainsi dire, qui ne la possède plus ou moins complète. Les artistes paraissent avoir eu une grande prédilection pour ce sujet fréquemment sculpté au XVIe siècle.

Il en était de même pour les artistes de l'iconographie gothique et de la Renaissance qui représentaient volontiers le *tetramorphe*, réunion des attributs des Évangélistes en un seul.

En étudiant attentivement les sujets de St-Jean de Berck, on reconnaît leurs attributs et il devient facile de les interpréter. L'ordre constant est celui-ci. L'ange est toujours le premier et occupe la place la plus honorable ; le bœuf qui est le plus lourd, le plus vulgaire des quatre se met à la fin ; le lion rugissant de St-Marc vient après l'aigle sublime de St-Jean ; en résumé, leur symbolisme iconographique est le suivant : aigle : St-Jean ; Ange : St-Mathieu ; Lion : St-Marc ; bœuf : St-Luc.

Au XIIIe siècle, on le représentait quelquefois par les quatre fleuves du Paradis. Chaque scène de l'Église de Berck émerge d'un caisson ; le lion est ailé ; le bœuf est à figure humaine, légèrement tourné vers l'Évangile ; l'aigle, le bec à demi ouvert semble prendre son vol au milieu de la voûte azurée ; l'ange ceint d'une banderolle tient un calice à flamme, ordinairement du calice s'échappe un dragon. On retrouve ce genre à St-Etienne du Mont aux stalles de l'Église de Récloses près Fontainebleau, à St-Riquier (Somme) à Vernonnet (Eure) au chœur de l'Église St-Maclou de Pontoise. Cette représentation est la même qu'à St-Sabine car souvent les Évangélistes sont sans ailes.

Les nervures prismatiques de la voûte en ogive surbaissée du chœur viennent finir sur des culs de lampe au nombre de dix ; ils méritent d'attirer l'attention des amateurs, aussi divers directeurs de musées, entre autres celui de St-Germain ont eu l'idée d'en faire effectuer le moulage en plâtre, seulement ils ont dû reculer devant la dépense.

Les sujets en pierre jaune-gris sont empreints d'une certaine naïveté, mais intéressants à étudier. On a émis sur ces pendentifs bien des opinions fantaisistes. Quelques personnes ont pensé qu'ils avaient appartenu aux confréries de l'Eglise sur lesquelles nous n'avons aucune donnée. Ces confréries avaient généralement un saint et un autel dans l'Eglise même ; cet autel était souvent consacré au patron de la localité : ce n'est pas le cas ici ; d'autres ont émis l'idée que ces culs de lampe pouvaient provenir des anciennes corporations de la ville de Berck ; ces derniers approchent de la véritable origine, car ces culs de lampe représentent tout simplement les mœurs de la localité dans les siècles derniers ; on y trouve divers modes de décoration et d'habillement en usage à Berck au XVIe siècle, les coutumes, des scènes de la vie commune, grotesques et humoristiques ; des reminiscences archaïques, des traditions naïves s'y retrouvent mélangées à du réalisme. A Berck, les sujets sont actualisés ; si la correction n'est pas irréprochable, on y découvre cependant un mérite artistique sérieux pour l'époque. Leur composition dénote une certaine facilité de main et d'invention de la part de l'auteur dont le nom ne nous est malheureusement pas parvenu. Nous aurions aimé à retrouver dans quelque coin ou dans quelque document inédit le nom de l'artiste qui a conçu cette page de l'art au XVIe siècle dans le Ponthieu ; cette bonne fortune nous a échappé.

Cet artiste a fait preuve de bonne intention dans le choix de la décoration ; malgré l'attitude forcée il y a de la souplesse et du mouvement dans les poses, de l'expression dans les figures. La proximité, certaines similitudes dans les sujets des sculptures nous font penser que le même architecte a dû édifier les bas-côtés de l'Eglise St-Michel de Verton dont les chapiteaux sont une imitation de ces culs de lampe.

Peut-être trouvera-t-on quelque intérêt aux détails que nous allons donner.

1° Un type de vieux matelot appuyé sur un bâton, pliant sous le poids d'une hotte qu'il porte sur ses épaules. Ce cul de lampe vient nous rappeler, dans ce monde élégant de la Renaissance, le génie du Moyen-Age ; c'est une allusion aux moyens dont les matelots, hommes et femmes, se servent pour transporter le poisson et autres choses.

II. Un petit homme en toque tient un phylactère.

III. Un ange avec écusson dont la signification n'est pas assez certaine pour que nous ayons à l'indiquer.

IV. Un pêcheur qui se repose, les yeux sur un panier plein de poisson ; ce cul de lampe est remarquable par le fini du travail.

V. Faisant pendant à un écusson armorié, un autre pêcheur, chargé sur l'épaule gauche d'une ancre qu'il tient de la main droite. Il est vêtu d'un capot, espèce de mantelet non découpé pris à la ceinture et taillé dans de grosse étoffe ; ce marin est vêtu d'un bonnet de laine comme on en portait encore au commencement de ce siècle. Cette représentation est d'un travail remarquable, la figure est pleine de charme et de fine expression.

A côté de ces représentations si variées, de ce mélange si bizarre, de ces personnages vêtus si diversement, on rencontre VI un ange avec un écusson.

VII. Un homme, en costume de marin, vêtu d'un « sarronté », un genou en terre, appuyant sur l'autre un bâton pour le casser. Au second plan et à droite on aperçoit une ancre. Ce cul de lampe représenterait-il l'image de la vie maritime où les hommes semblables à des fleuves de cristal comme disait Lamartine, après avoir achevé leur course, après avoir fait, comme les fleuves un peu plus de bruit les uns que les autres, sont enfin confondus dans ce gouffre infini de la mort et du néant où tout tombe, tout s'évanouit, tout s'échappe.

Ce cul de lampe nous rappelle ces vers de notre grand poëte V. Hugo sur les marins.

. . . .
» Oh ! songer que l'eau joue avec toutes ces têtes,
» Depuis le mousse enfant, jusqu'au marin patron
» Et que le vent hagard, soufflant dans son clairon
» Dénoue au-dessus d'eux sa longue et folle tresse

. . . .
» Et que pour tenir tête à cette mer sans fond,
» A tous ces gouffres d'ombre où ne luit nulle étoile
» Ils n'ont qu'un bout de planche avec un bout de
[toile ! »

Espérons que les futurs archéologues auront le loisir de relever ces culs de lampe et nous fourniront des éclaircissements sur leur origine. De plus, il faut se garder de pousser trop loin l'interprétation des figures, car à toutes les époques, la fantaisie a été un des éléments de l'art et l'on ne doit pas s'étonner qu'il y ait eu, dans l'ornementation au XVIe siècle des figures de convention comme il y en avait dans l'architecture du

Moyen Age. C'est en étudiant ces sortes de sculptures que l'on comprend ce qu'il y a de vrai dans cette réflexion de V. Hugo : « Comme objectif, auprès du sublime, comme moyen de contraste, le grotesque est la plus riche source que la nature puisse ouvrir à l'art... le grotesque est un temps d'arrêt, de comparaison, un point de départ d'où l'on s'élève avec une perception plus fraîche et plus excitée. » (1)

En remontant du côté gauche de l'autel, nous trouvons dans l'épaisseur de la muraille et à droite de la fenêtre qui éclaire cette partie, un cul de lampe qui paraît avoir fait partie d'un couronnement de la vierge qui devait surmonter l'ancien sépulcre : il mesure 0 m. 52 de largeur, sa hauteur est de 0 m. 25 et celle de son socle 0 m 07. Il fut trouvé sous le maître-autel bien après la Révolution et a supporté jusqu'à ces derniers temps une statue Renaissance de St-Jean-Baptiste.

Ce chapiteau est mentionné dans *l'inventaire des objets mobiliers des Eglises du Pas-de-Calais* par M. H. Loriquet archiviste du département. Il représente deux anges aux ailes éployées soutenant à pleines mains une couronne également en pierre. La pierre de ce chapiteau proviendrait d'un rocher aujourd'hui submergé. Nous lisons dans « Berck-Guide p. 54 » : « On rapporte que les terrains compris entre les baies d'Authie et de Canche appartenaient jadis à une presqu'île qui s'avance très avant dans la mer ; mais à une époque assez reculée, le point de jonction fut détruit par un raz de marée : l'extrémité de cette presqu'île qui s'avançait loin en mer était de nature rocheuse. On se serait même servi des pierres provenant de ces rochers pour construire l'Eglise de Berck. »

La voûte du chœur du sanctuaire est formée par des branches d'ogives et par une série d'arcs formerets en plein cintre, surbaissés. Ce sanctuaire est encadré par un doubleau en tiers point qui s'appuie sur deux écussons engagés ; le profil de l'arc se compose d'un large méplat.

Avant de décrire l'extérieur de l'édifice, il convient de signaler quelques objets d'art ; De ceux qui remplissaient autrefois l'Eglise, il n'en reste rien que le souvenir. L'Eglise de Berck a subi les ravages de la Révolution. Bien des choses intéressantes ont disparu.

Le mobilier actuel, comme le monument, n'offre pas plus d'unité parce qu'il fut renouvelé dans les deux

---

(1) Préface de Cromwel. A I p. 20.

derniers siècles ; par suite, la statuaire Renaissance est nulle dans l'Eglise de Berck.

Nous ne dirons rien des fonts baptismaux pédiculés qui doivent être attribués à la seconde moitié du XVIe siècle ; c'est un type que l'on rencontre encore aux XVIe et XVIIe siècles ; leur hauteur totale est de 0 m 90 celle de la cuve 0 m 25 ; la largeur est de 0 m 55 ils reposent sur un socle en pierre de 0 m 10 de hauteur ayant 0 m 55 de carré.

Des quatre autels que renfermait l'Eglise au commencement de ce siècle, il n'en reste que deux, le maître autel (daté de 1777) et la décoration qui le surmonte sont d'un goût fort douteux.

Le second autel est moderne.

Quelques stalles de la nef sont en bois sculpté : les motifs qui les décorent sont finement découpés.

L'Eglise de Berck n'est pas riche en tableaux ; on remarque la mort du Christ et son baptême, sur toile. Au bas côté, dans un cadre à moulures, on voit un bon tableau sans signature et de l'époque de Louis XV, représentant St-Eloi ; à côté, St-Joseph tenant l'Enfant Jésus (1 sur 1,10) tableau acheté à Montreuil à l'époque de la Révolution. Nous omettons dans cette nomenclature d'autres toiles détériorées et incomplètes.

L'extérieur de l'édifice est dépourvu de tout caractère architectural, de ces sculptures, arcsboutants, clochetons et autres ornements qui décorent ordinairement les édifices religieux. L'élévation latérale de la nef et du bas-côté est d'une grande simplicité, elle n'offre rien de remarquable ni par la régularité, ni par un vernis vénérable d'antique. Les fenêtres ont été refaites ; celle de l'abside a été murée à différentes reprises. Les murs sont épaulés par des contreforts à simple volée venant s'appuyer aux deux tiers environ de la hauteur ; ils présentent l'épaisseur suivante :

clocher. . . . . 1 m. 30
nef. . . . . 0 m. 70
chœur. . . . . 1 m.
abside. . . . . 0 m. 80

Ceux du chœur du côté Sud ont été élevés à la suite de l'orage de 1780 par dessus les anciens ; on remarque encore l'arrachement produit par cet orage. Cette face Sud a subi des remaniements et l'Eglise a été surélevée. Faisons ici une remarque sur les *profils de l'Eglise de Berck* : L'emploi de la brique a entraîné des modifications dans la forme des ouvertures ; l'influence des matériaux est considérable dans cette Église et l'archéologue reste dans le plus grand embarras pour déterminer une date pour cette construction.

L'extérieur de ce monument est très négligé, « le bas des murs, écrit notre érudit confrère M. L. Duplais dans son livre « Berck-Ville et Plage » transformé en water-closet, donne une triste idée du respect que les Berkois professent pour le culte des morts. Le cimetière qui l'entoure est également peu soigné ; à part quelques tombes, la plupart des croix sont délaissées ; les ronces et les épines recouvrent la terre des cercueils.

La façade, portail ou clocher porche, est ouverte en ogive simple sans rentrants, à la base de la tour entre deux contreforts n'offrant de retraite qu'à leur partie supérieure.

L'arcade ogive à filets et nervures dont les colonnettes ont les pieds droits est sans tympan et l'extrados sans ornementation : elle est d'assez bonne coupe.

La porte d'entrée de 2 m 70 de large qui s'ouvre sur son axe donne accès dans la nef ; elle est sans voussures, beaucoup trop basse et étroite en proportion de la grosse tour puisqu'elle n'a que 3 m. 40 de hauteur. Le caractère dominant de la construction la fait remonter à l'année 1550 environ et par conséquent contemporaine de celle de la tour de Verton. D'après la tradition ayant cours parmi les plus anciens habitants de Berck, la porte d'entrée actuelle était autrefois la fenêtre qui surmontait le portail, lequel se trouvait lui-même élevé de cinq marches au-dessus du sol, ce qui prouve l'ensablement accompli depuis un certain nombre d'années. Jusqu'en 1810 cette porte était continuellement fermée ; on ne l'ouvrait que pour déposer sous le porche les cadavres trouvés à la côte ; à cette date on la fit restaurer et paver l'entrée.

On remarque à l'intérieur du porche deux baies profondes et une porte donnant accès au clocher. Ce porche recouvert par un lambris moderne et séparé de la nef par une arcade brisée, présente les mêmes dispositions que celui de Verton. Comme ce dernier, il devait être primitivement voûté en croisée d'ogive avec un large méplat ; à une époque que nous ne connaissons pas, ces voûtes se seraient effondrées.

Le clocher, en avant de l'Eglise, rappelle en partie

la froide architecture du Moyen-Age ; il mérite une mention toute particulière. C'est une construction de forme carrée qui mesure 6 m. 50 dans œuvre, qui passe à l'octogone après deux étages pour en supporter encore un. La salle carrée au premier étage renfermait les cloches au commencement de ce siècle. Ses quatre faces sont épaulées par des contreforts saillants s'appuyant aux angles et ne commencent à se dégager qu'au niveau du second étage qui est nettement accusé ; toute la partie inférieure de la tour est englobée dans la façade et dans les toitures de l'Eglise.

Ce clocher semblable à celui de Verton, est tout à fait distinct du reste de l'édifice par son genre et les matériaux qui le composent ; il écrase l'église et constitue un non-sens archéologique que nous avons expliqué.

Ce clocher ou mieux cette tour de l'Eglise n'était autrefois qu'un phare situé sur le bord de la mer qui venait encore battre ses pieds il y a moins de deux cents ans. La tour de l'Eglise de Verton avait un phare pareil.

C'est le cas de dire avec Voltaire qu'il n'y a point de rivage que le temps n'ait éloigné ou rapproché de la mer.

En 1785 la tour de l'Eglise de Berck était éloignée de 280 verges, soit 1834 mètres de la côte.

Au XIVe siècle, par suite des passages fréquente des Anglais qui avaient établi de nombreux camps autour de Berck le phare qui existait à cette époque eut le sort de l'Eglise. Au commencement de la guerre de Cent ans, ce phare servait déjà de tour à l'Eglise laquelle fut détruite sous le règne de Charles VII ; seul il resta debout.

Les vieilles cartes locales des XVI et XVIIe siècle nous représentent cette tour comme portant un phare qui correspondait avec Cayeux ; d'après M. Thobois, il aurait subsisté jusqu'à la Révolution.

La tour de Notre Dame de Foy à Etaples détruite en 1793, servait, comme celle de Berck, de phare pour la marine.

Au XVIe siècle le phare de l'Eglise de Berck correspondait, au « moyen de signaux par le feu » avec la tour de l'Eglise de St-Josse et le beffroi de la ville de Montreuil.

Pendant les guerres qui désolèrent la Picardie au

XVIe siècle, les habitants de Cucq et de Trépied faisaient le guet sur le rivage ; ils se plaçaient dit le dictionnaire de l'arrondissement, sur la *grande sablonnière* et quand un navire apparaissait ils en avertissaient par des signaux les sentinelles qui veillaient au sommet de la tour de St-Josse, celles-ci donnaient le même signal au poste de Montreuil.

Le guet de mer dispensait naturellement du guet de Montreuil, aussi lorsque le gouverneur voulut en 1515 soumettre les habitants de Cucq à l'obligation dont ils avaient été affranchis, ils réclamèrent contre cette injustice ; c'était exiger double corvée des matelots et méconnaître les services qu'ils rendaient depuis longtemps pour la sécurité de la côte.

Le roi prescrivit une enquête qui eut lieu à Etaples : seize témoins furent entendus par Jean Fourcroy, lieutenant de l'amirauté de France au comté de Boulogne, assisté d'un procureur et de Guillaume Coppin. A la suite de cette enquête, fut rendue l'ordonnance qui affranchissait à jamais les habitants de Cucq, de Trépied, de Merlimont et de St-Josse du guet de Montreuil, à la condition qu'ils veilleraient sur les bords de la mer et à la tour de St-Josse 3 mars 1587 (Dict. loco. citato. p. 334.)

Le premier beffroi municipal de Montreuil remontait au XIe siècle Les archives de la ville nous apprennent qu'en 1214 le roi Philippe II donna aux « maire et échevins de cette ville une tour située sur la place Darnethal à usage de beffroi. » Cette tour subsista jusqu'au milieu du XIVe siècle.

En 1377 nous voyons l'échevinage Montreuillois s'accorder avec l'abbé de St-Saulve pour placer « l'horloge et installer les cloches dans la tourelle qui sert d'escalier au beffroi de l'Eglise Notre Dame » Cet état de choses dura près de trois siècles. Vers 1633 le grand maître de l'artillerie, de St-Liévin, avait eu, par droit de conquête, les cloches de Montreuil, au nombre de trois, l'échevinage les lui acheta et passa avec Henri Testu et les Religieux de St-Saulve un traité par lequel la grosse tour de l'abbaye fut cédée à la ville « *pour y pendre les trois cloches appartenant à ladite Ville venant de St-Liévin pour y fournir un beffroi et s'en servir en cas d'alarmes pour le service du roi et de la ville et à ce qu'à l'avenir ladite abbaye ne s'en puisse faire ni dire propriétaire pour quelque laps de temps que ce soit* »

En conséquence de cet acte, les Religieux obtinrent exemption des logements militaires, du guet et des gardes dans la « ville de guerre de Montreuil ». D'après les coutumes de Beaurain et de Berck, les habitants de ce dernier village et ceux de Merlimont « en temps de guerre ou de péril imminent étaient obligés de faire en personne le service du guet sur les murailles du chateau de Beaurain. » A cette condition, ils étaient « exempts du droit de guerre que payaient annuellement les sujets des autres seigneuries à raison de quatre sous parisis par maison ou un homme veuf ou une femme veuve tenant huis ouvert aux termes de Noël et de St-Jean-Baptiste à chacun terme la moitié. (1)

Mais revenons à notre sujet ; depuis le 8 octobre 1642, la Ville de Montreuil est devenue propriétaire de la grosse de l'Abbaye de St-Sauve et en a joui sans interruption. Elle y a établi *« ses cloches, son horloge, elle y entretenait en permanence des guetteurs qui en temps de guerre correspondaient, au moyen de signaux par le feu avec ceux qui veillaient dans les tours de St-Josse et de l'Eglise de Berck.* (2)

(arch. de la Ville de Montreuil.)

Vers 1768 le « garchignon » (3) de la tour de Berck était Charles Rivet qui fut d'abord affecté au beffroi de Montreuil et revint par permutation à la tour de l'Eglise de Berck.

---

(1) NOTE HISTORIQUE. — La seigneurie de Berck dépendait de la chatellenie de Beaurain. Cependant le sieur Valecourt grand prévôt des maréchaux de France en Artois s'était rendu à Berck le 20 juillet 1680 accompagné de 15 archers et assisté d'André Hovyne, bailli de la chatellenie de Beaurain, afin d'y faire acte de juridiction. Le 23 du même mois François Enlart, lieutenant général du bailliage de Montreuil condamne Hovyne en 500 livres d'amende et fait défense à « *tous justiciables desdits lieux de Verton, Bercq et Merlimont et autres de ce ressort de cognoistre en quelque maniere que ce soit la juridiction de Beaurain soit en première instance, en cas d'appel ou en quelques autres manières que ce soit a peine de deux cents livres d'amende contre les contrevenants.* »

Le 26, Enlart assisté d'Antoine Delamarre, greffier du bailliage et de Pierre Quintel, sergent royal au baillage de Montreuil, se rend à Berck, Merlimont et Verton où il signifie et fait signifier la sentance susdite.

(2) Communications de M. J. Braquehay. (de Montreuil)

(3) Le garde signal. Garchignon en patois berkois.

Le dernier guetteur du beffroi de Berck fut un nommé Boulogne (Michel) il périt, frappé par la foudre au milieu d'un violent orage en 1780.

Nous rapportons ici comme pièce justificative et avec l'orthographe du registre son acte de décès conservé à la mairie de Berck :

« N° 14. L'an mil sept cent quatre-vingt, le 22 octobre sur les onze heures du matin, en exécution de l'ordonnance de Monsieur le bailli de la justice de Bercken datte (*sic*) du jour d'hier, le corps de Michel Boulogne, mattelot audict Berck et *guetteur dans le clocher de l'Eglise audict lieu* âgé d'environ cinquante ans, époux de François Bodot, a été inhumé par nous curé de laditte paroisse en présence de Antoine Boulogne son frère, de Jean Louis Bazin son beau-frère, de Jacques Malingre, de Charles Louis Malingre ses cousins qui ont signé le présent acte ledit jour et an. »

La tradition locale rapporte que dans les temps reculés les garde-signaux exécutaient de fausses manœuvres pour faire échouer les bateaux étrangers. Ne serait-ce pas là une tradition locale du Moyen Age rappelant le droit de lagan qui, d'après les coutumes de Berck autorisait alors le pillage des navires naufragés et qui étendait ses conséquences jusqu'aux victimes du sinistre qu'on achevait d'immoler pour s'emparer de leurs dépouilles ; on mettait à rançon ceux qu'on supposait en position de fortune pour racheter leur vie et leur liberté. Cette légende présente une grande analogie avec une chronique Merlimontoise qui rapporte que les habitants de ce pays attachaient des feux au cou des vaches qu'ils faisaient promener en divers sens de la côte.

Au XVIIe siècle la tour de Berck était de beaucoup plus élevée qu'aujourd'hui ; on peut s'en faire une idée en étudiant celle de Verton. (1)

Cette tour porte encore, à environ 5 m. 90 du sol la trace d'un système de défense que l'on rencontre dans les forteresses et dans quelques églises du Moyen Age.

Ce sont deux *machicoulis*, espèces d'ouvertures verticales pratiquées à l'extérieur au dessus du portail, sur la face occidentale de la tour.

---

(1) La porte d'entrée de l'Eglise de Verton a 2 m. et l'intérieur de la tour mesure 4 m. 80.

C'était par ces ouvertures qu'en temps de guerre les assiégés jetaient des matières enflammées sur leurs adversaires.

Dans le midi les machicoulis furent employés dès le XIIe siècle, tandis que dans nos contrées on ne les rencontre que vers la fin du XIIIe siècle; ils remplacèrent les hourds trop faciles à incendier.

Lorsqu'on jugeait qu'une église pouvait être investie, on établissait des machicoulis entre les contreforts pour défendre les fenêtres contre une escalade ; l'abside de la cathédrale de Béziers en est un exemple. Ce monument placé sur le point culminant de la ville et se reliant aux fortifications était considéré comme une citadelle. Lors de la reconstruction de son abside après la guerre des Albigeois, on ne fit que se conformer à une tradition en rétablissant les machicoulis qui avaient été détruits.

Les machicoulis de l'Eglise de Berck sont postérieurs à la tour ; ils ont été ajoutés comme ornement, mais n'ont point servi, Berck n'ayant jamais été fortifié ni son église entourée de fossés. Rien ne porte à croire qu'au pied de la tour était établi un talus pour recevoir les projectiles (1). Du reste M. Thobois et notre excellent ami, M. Chevreux, archiviste des Vosges partagent pleinement notre opinion.

Cet ouvrage par sa forme et l'assemblage des matériaux nous paraît être contemporain de ceux du chateau de Pierrefonds et de celui du château du roi René, batis vers 1400, car à la fin du XVe siècle les progrès de l'artillerie firent renoncer à ce moyen de défense. Il nous présente, à l'intérieur, les dimensions suivantes :

Hauteur totale.	1 m. 65
Hauteur de la base aux ouvertures. . .	0 m. 90
Hauteur d'un rentrant d'une console . .	0 m. 10
Longueur totale.	0 m. 85
Largeur totale.	0 m. 75

---

(1) Disons que l'on a trouvé des squelettes et de nombreuses armes au lieu dit le « Moulin Beaussaut » ce qui justifie notre supposition. Aux siècles derniers Berck était plus à l'Est qu'actuellement En labourant le sol du côté de Groffliers on a trouvé, ces dernières années des restes de maisons, une grande quantité de briques et quelques ustensiles de ménage, entre autres une « baye » (crémaillère en patois) avec un caudron » dessus, etc.

Le mur à cet endroit a un mètre de large et la partie supérieure en briques a 0 m. 40.

Les machicoulis de l'Eglise de Berck sont établis en maçonnerie ; la pierre employée est le calcaire et le grès. Ils représentent une loge saillante couverte par un chaperon, (les machicoulis, comme les hourds furent couverts pour protéger les défenseurs contre les projectiles lancés à toute volée sur les assaillants) et imitent le genre employé en Bourgogne au XIVe siècle.

L'appareil n'est pas très soigné ; il devait être desservi, primitivement par une chambre placée à son niveau inférieur.

Il est construit en forme de petites arcades saillantes dont les retombées reposent sur les consoles et forment une décoration un peu lourde mais cependant agréable à l'œil.

Des supports à rentrants limitent les deux vantaux, le trou des meurtrières est presque à la hauteur des ventrières de sorte que, si l'on s'était servi de ce système, il fallait soulever les projectiles que l'on voulait laisser tomber sur les assaillants.

Cette construction est percée à 0 m. 15 de sa base d'une meurtrière à face longue présentant les dimensions suivantes :

Longueur à l'intérieur.	0 m. 24
Longueur extérieure.	0 m. 04
Hauteur.	0 m. 28

Entre les consoles qui soutiennent cette construction on ménagea des vides par lesquels on lançait des projectiles. Ces vides ont la forme de trous carrés ; ils occupent tout l'espace compris entre les consoles, dans d'autres endroits ce sont de larges rainures.

Il est à remarquer avec Viollet le Duc que les trous des machicoulis des fortifications du Nord de la France avaient des dimensions évidemment régulières. Ils formaient un carré de 0 m. 33 à 0 m. 40, de telle sorte que les projectiles pouvaient être indifféremment portés dans telle ou telle place forte.

Ceux de Berck ont :

Largeur d'une ouverture.	0 m. 30
Largeur de la pierre séparant chacune d'elle.	0 m. 15

Les culs de lampe, ces machicoulis et la cloche sont ce qu'il y a de plus intéressant dans l'Eglise de Berck.

Au-dessus de ces machicoulis on remarque une baie.

(1,60 sur 0,70) XVII° siècle de style roman. Du côté Sud-Ouest la tour fut percée de deux fenêtres à son premier étage lors de la reconstruction ; on voit plusieurs petites fenêtres étroites et parallèles de 0^m60 de hauteur et sur chaque face plusieurs baies. Comme le reste des bâtiments cette tour est certainement très ensablée ; d'après M. Thobois elle le serait de 5 à 6 mètres ; la partie de la tour ensablée va en s'élargissant. L'escalier qui y donne accès dans la cage intérieure est contemporain de la tour ; son noyau central en pierres de 0^m15 d'épaisseur est bien conservé. La partie en pierre qui subsiste aujourd'hui forme trois étages et contient 82 marches monolithes de 0^m20 de hauteur, 0,70 de longueur et 0,20 de largeur. Les piliers qui soutiennent cette tour ont à l'intérieur 2^m4! de largeur.

Cette tour est coupée brusquement avant le faîte ; on y a élevé une cage en bois qui renferme les cloches ; cette cage est surmontée d'une flèche octogone couverte en ardoises ; deux tabatières y donnent la lumière.

Les cloches de l'Eglise de Berck, à l'intérieur de la tour sont au nombre de deux ; voici leurs inscriptions.

La plus forte et la plus ancienne nous a paru assez curieuse par son inscription et son âge pour que nous la décrivions amplement.

Elle remonte à 1546 et on y lit l'inscription suivante en caractères gothiques très élégants sur une seule ligne.

(*Marie suis nômée pour l'Eglise de Ber.. M V° XLVI de tout mal soit.. Philippe Gourdin*)

Nous proposons de remplacer les points par les mots suivants qu'on ne saurait déchiffrer sur la cloche après Ber, « et forcée » c'est-à-dire, percée fondue en 1546. M. Thobois lit « ex torée » traduction d'un mot latin « extamata » qui signifie construite.

Après : de tout mal soit, on devra lire « soit à quit » mot qui pourrait signifier, préservée, quitte.

Remarquons en passant l'orthographe du nom Philippe Gourdin.

Ce nom est-il celui du curé ou du fondeur ?

Nous opinons pour cette dernière attribution, car un parent, un fils peut-être de ce Philippe Gourdin a fondu deux autres cloches du pays, entre autres celles de Cormont, doyenné d'Etaples, *circa* 1590.

Toutefois le nom Gourdin pourrait-être le nom du bienfaiteur de la cloche ou du curé. Il y avait à cette époque une famille Gourdin importante à Berck (*Arch. part.*)

Cette cloche est exécutée dans toute la perfection de la Renaissance. Elle est certainement contemporaine du chœur par conséquent du XVI° siècle et pour emblèmes deux petites figure très petites représentant St-Pierre et St-Jean (hauteur 9 cent. 4), une croix de 4 cent. 1|2 de h^r, et la Vierge tenant l'enfant Jésus au dessous de la date — La hauteur est de 0^{m}95, sa plus grande largeur est de 3 mètres ; le cerveau, partie supérieure qui porte en dehors les anses qui servent à suspendre la cloche a 0^{m}70 ; le diamètre est de 1^{m}10. Le bord, cette partie inférieure contre laquelle frappe en dedans le battant n'est point ornée de guirlande de feuillages comme beaucoup de cloches ; on y voit trois filets circulaires parallèles et saillants, dont un plus gros au milieu. La patte, partie qui termine la cloche en s'amincissant, porte aussi trois de ces gros filets ; il existe au-dessus du cerveau groupés un gros entre deux petits séparés par l'inscription ; la hauteur de chaque lettre est de 42 millimètres ; les mots sont séparés par un point en losange ; l'espace laissé libre entre chaque mot est de 0^{m}03 ; on remarque au-dessus de ces derniers filets une guirlande de lambrequins.

Cette cloche est, avec celle de Campigneulles-les-Petites fondue en 1526 une des plus anciennes du canton de Montreuil. Nous donnons à titre de simple curiosité l'inscription en gothique minuscule de cette dernière :

L'an mil V° VI VL. sire nicaise bataille pbre. ichan dupont. s. pache. i. le. côte. a. descarrière. c. de milly.

Damoiselle châne du coug. l. ancelin. f. dolle. m. dolle m. mornaille. a. de. viecourt. barbe suis nômée.

(N. B. Les de Milly branche de la maison de Bouflers ont possédé longtemps la seigneurie de Campigneulles-les-Petites.)

La seconde cloche de l'Eglise de Berck porte une inscription en capitales romaines de un centimètre sur trois lignes, ainsi conçue :

Je suis née à Berck mon père étant Philippe Cornu et ma mère la marine et l'Eglise mon parrain a été François Cornu neveu de mon père et ma marraine Géneviève Macquet sa mère j'ai été bénite par J Marie Vasseur de doudeauville curé de cette paroise par les soins duquel je suis dans le monde.

Une main dont l'index est allongé indique le commencement de chaque ligne, les attributs représentent la Vierge, l'Eglise dans un médaillon, le soleil.

Le diamètre de cette cloche est de 0^{m}90 et sa hauteur 0^{m}75.

Cette cloche *circa* 1820 fut donnée par une famille du pays.

Il y a eu de tous temps deux cloches à Berck comme le prouvent les extraits analysés ci-dessus des comptes de la fabrique.

CHAPITRE III.

LES INHUMATIONS DANS L'EGLISE DE BERCK.

Etude sur ses carreaux vernissés.

1re PARTIE

Considérations générales.

Après avoir contemplé la splendeur des voûtes du chœur de l'Eglise de Berck et la richesse de ses murailles, l'œil descend au carrelage et s'y arrête avec complaisance.

Les inhumations se faisaient au commencement du Christianisme hors des villes et des villages ; ce n'est qu'au IXe siècle qu'elles ont été faites dans les cimetières proches des Eglises et même dans l'intérieur de ces dernières.

A Berck comme dans beaucoup de localités bon nombre de personnes ont été enterrées dans l'Eglise.

Le carrelage de l'Eglise date du XVIIe siècle et est formé de carreaux en terre cuite émaillée disposés d'une façon singulière.

Des bandes longitudinales et transversales le divisent en rectangles de longueur différente et de dessins variés. On serait tenté de croire, à la vue de cet agencement qui remplace les dalles funéraires de nos grandes Églises, que chaque rectangle délimite la place occupée par chaque cercueil.

On a soulevé le pavé de la nef en différents endroits.

On n'a trouvé que des squelettes, pas de trace de cercueils. Auraient-ils été enlevés précédemment ? On ne sait.

Des pavés à fonds rouges et à dessins alternent en général avec d'autres d'un brun foncé.

Mais sans parler des rinceaux et des fleurons que figure l'émail, il est bon de faire remarquer que les pavés eux-mêmes sont découpés suivant des modèles variés dont l'assemblage devait produire souvent le plus heureux effet.

Des broderies reticulées et festonnées, des personnages teintés alternativement de rouge et de jaune-pâle de vert de bouteille, la similitude que l'on surprend aisément entre ces débris, suppose l'existence dans nos pays, de quelque centre de fabrication ; nous en reparlerons plus loin.

Les émaux de ces pavages sont en grande partie enlevés. Ce n'est qu'en les leur restituant, comme l'a fait M. Ch. Wignier qu'on se fait une idée de l'effet primitif. Ils composaient, à l'époque de leur splendeur un tapis aux couleurs vives qui devait couvrir primitivement la nef entière de l'Église de Berck, mais aujourd'hui tronqué en tout sens. Il en est de ce carrelage comme de ces anciennes tapisseries qu'on rencontre d'ordinaire deshéritées de leurs bordures et rongées irrégulièrement par l'humidité. Les espaces de la nef ont été redallés de matériaux vulgaires parmi lesquels on trouve disséminés quelques pavés primitifs.

Sur ces pavés, comme nous le verrons dans la seconde partie de cette étude, on trouve soit des feuilles, soit des lignes médianes supposant la juxtaposition de deux carreaux.

L'ensemble du carrelage émaillé parait-être, dit M. L. Pihan, (Les monuments historiques de l'Oise), à « voir ces bandes longitudinales et transversales qui le divisent en rectangles de longueurs différentes et de dessins variés, une imitation de ces pierres tombales de différente grandeur qui s'alignent encore aujourd'hui dans un certain nombre d'églises et s'arrêtant irrégulièrement au milieu du pavage uni. »

Mais ce qu'il serait curieux d'observer, ce sont les figures suivant lesquelles sont découpés les pavés, de manière à présenter, par leur assemblage, une mosaïque du meilleur goût composée de losanges, avec une grande délicatesse.

En même temps que ces compartiments varient de forme, ils changent de dimension, leur épaisseur paraît invariable.

2ème PARTIE

LA CÉRAMIQUE RELIGIEUSE

Vers la fin du XIIe siècle et pendant le XIIIe l'emploi de la couverte vitreuse et plombeuse se généralisa ; l'usage des vernis plombifères rendit les poteries imperméables aux liquides et offrit un grand avantage pour les services divers (1) Au XIIIe siècle ces carreaux sont petits, de forme hexagonale ; les dessous sont en relief et colorés en jaune.

L'on trouve de ces exemplaires dans les anciens carrelages des églises, chapelles et châteaux, à Boves près d'Amiens par exemple.

Aux XVIe et XVIIe siècle, ils sont en relief et en forme de losange. Quelques spécimens de carreaux du XIIIe siècle ont été trouvés aussi dans notre région, notamment à Valloires, représentant des ornements divers, (arabesques, lions.)

On n'est pas encore d'accord sur l'origine de ces carreaux ; les uns les font remonter à des prototypes orientaux ; d'autres attribuent cette innovation dans le pavement des églises aux chevaliers normands venus d'Italie ; d'autres auteurs disent que la couverture vitreuse fut inventée par un artisan de Schlestadt dans la deuxième moitié du XIIIe siècle ; d'autres en font honneur à l'ordre de Citeaux ; malgré les défenses réitérées du chapitre de Citeaux, beaucoup de monastères cédant à l'entrainement général, cherchèrent, dès le temps de St-Louis, dans l'éclat des carrelages une

_____

(1) Dans les catacombes de Rome l'on trouve des plaques en terre cuite, ordinairement en trois morceaux fermant les orifices des endroits où étaient déposés les corps. Par la suite, dans le Moyen Age, l'on rencontre de grandes dalles appelées tombes.

compensation à la sévérité de l'architecture de leur monastère.

La fabrication de ces terres cuites décorées était des plus simples. On façonnait des carreaux d'argile et avec un moule d'un faible relief, on imprimait les dessins en creux. Ce creux était rempli d'argile colorée, puis sur le tout on appliquait le vernis plombifère, sorte de glaçure brillante, d'une grande dureté et d'une teinte jaunâtre tant qu'elle n'avait pas été mélangée avec certains oxydes métalliques.

Il existait, dans les environs de Beauvais des fabriques de poteries vernissées, décorées de personnages, elles ont subsisté jusqu'à nos jours.

Les poteries de Beauvais avaient comme celles de Sorrus dont nous allons parler, une réelle célébrité consacrée par les registres capitulaires des XV, XVI et XVIIe siècles, leur importance a été mise en lumière par Bernard Palissy. La fabrique de Savignies très renommée existait du temps de l'occupation romaine.

Une fabrique de poteries vernissées dans le Ponthieu

Outre la fabrique de faïences de Vron (Somme) *Sorrus* petit village de 450 habitants situé à trois kilomètres de Montreuil trouve dans son sol, « aux Wattines de Sorrus » les matériaux nécessaires pour la confection des poteries, surtout l'ornementation de la poterie par engobe et pastislage, sans glaçure : fabrication artistique, céramique religieuse.

Il est désigné, dans les textes anciens sous le nom de *Sidridus* et appartenait au monastère de St-Riquier à l'époque du dénombrement ordonné par Louis le Débonnaire en 831. (1) Cette abbaye fut dépouillée du domaine de Sorrus par Hugues Capet. De même que St-Josse, Calotterie, Sorrus était un des plus anciens centres romains de l'arrondissement de Montreuil. On y a trouvé, ainsi qu'aux environs d'Etaples, de beaux exemplaires de l'industrie gallo-romaine.

On remarquera que jusqu'à ce jour on n'a que de très rares textes sur les tuiliers qui composaient ces carreaux historiés et vernissés. En 1600, il est fait mention d'un Dezzoiles comme potier à Sorrus.

---

(1) V. *Histoire d'Abbeville* ; pour l'histoire de Sorrus consulter les « poteries du Ponthieu » *loco citato ch.* 11. p. 15.

En 1707 Marc Deserable était maître potier à Sorrus et il y a une trentaine d'années, les potiers de Sorrus fêtaient Ste-Catherine leur patronne.

Outre la fabrication d'objets usuels, quelques potiers plus habiles ont produit des statuettes.

A Sorrus M. Wignier a trouvé une statuette d'un mètre de haut représentant une femme en costume de jardinière du pays portant sur la tête une corbeille de fruits datée de 1714.

Nous allons donner l'inscription des fragments des dalles funéraires afin d'en conserver le texte.

« Que de choses pourraient raconter ces débris du
« passé qui gisent aujourd'hui dans la poussière et
« qui demain disparaîtront à jamais ? »

I	U.	DE B		E
	rabette	EPOV	(se)	
	DE	MALIN	(gre)	DE

Cette épitaphe placée à la cinquième travée, gravée sur trois pierres se rapporte à la famille Malingre qui s'est perpétuée jusqu'à nos jours à Berck ; elle est citée plusieurs fois dans les registres paroissiaux. En 1747 (29 mai) une Marie Jeanne Clef, épouse de Michel Malingre a été enterrée dans l'Eglise. Ce Malingre était receveur de la terre et vicomté de Berck en 1745 (1) Il est mort âgé de 73 ans le premier juin 1760 et fut également enterré dans l'Eglise.

II	SO	AN	LLE
	CAN		DEI
	AGE		SIX A

Ce style lapidaire sans abréviation borde deux carreaux funéraires placés à la sixième travée.

III	REP	OSSE
	COR	NU

Ce fragment d'épitaphe dont le corps est ordinaire, est gravé sur deux pierres tombales faisant suite à la première.

IV L'inscription suivante se lit sur une autre dalle.

POV	(r lui)
REO	

---

(1) En 1682 « honorable homme Philippe Hauet était lieutenant et vicomte de Berck. »

V. Les mots suivants en grandes lettres telles qu'on les employait au XVIIe siècle sont gravés sur deux autres tombes :

FUN | ques
RIVE | T

Le fragment ci-après semble se rapporter à la pierre n° 5

VI   SOIS N
      DE   LE
       1761

Le 4 février 1764 les registres de catholicité rapportent que « Jacques Rivet maître de bateaux âgé de soixante-deux ans, mary de Elisabeth Macquet » a été enterré dans l'Eglise.

VII.   EG
         VIER
         DIEV

Fragment d'inscription gravé sur un morceau de pierre tombale, le reste est détruit.

Nos recherches à la mairie de Berck nous ont fourni les noms de plusieurs personnes enterrées dans l'Eglise ; nous les livrons à la postérité :

En 1650, Charles Bouville.

Le 9 novembre 1748, Marguerite Bridenne, âgée de cinquante-quatre ans, femme de Charles Rivet, maître de bateaux.

14 juin 1749, Nicolas Roussel, âgé de 63 ans, veuf de Marguerite Vasseur.

29 mai 1763, J-B De la Rue, âgé de 52 ans, inhumé dans l'Eglise, en présence de Jacques Malingre bailli de Berck.

12 décembre 1766, Charles Malingre, âgé de 34 ans, époux de Elisabeth Roussel.

Le 31 mars 1769, Dame Elisabeth de Calonne de Ressart, veuve de messire J-B de Collivaux, seigneur de Mousseaux.

26 octobre 1769, Pierre Malingre.

12 mars 1780 Marguerite Marchand fut la dernière personne enterrée dans l'Eglise. A partir de cette année 1780, les prêtres eux-mêmes eurent leur sépulture au cimetière.

Les dalles de l'Eglise St-Jean de Berck à carreaux de terre cuite englobés et vernissés

Il était d'usage dans les localités de l'arrondissement de Montreuil-sur-Mer, (1) Berck et aux alentours dès le XVI° siècle, d'établir des carreaux en dalles funèbres rappelant les noms, qualités, profession des défunts ; leurs armoiries s'ils étaient nobles. Le portrait du décédé se trouvait dessiné au trait en creux dans le milieu, le tout encadré par une inscription funèbre ; le dallage de l'Eglise de Berck nous présente deux bons spécimens de ces dessins au trait.

Ces carreaux étaient revêtus d'un engobe assez épais dans lequel on gravait dessin et inscriptions, puis recouverts d'un vernis plombifère. Malgré l'usure que présentent les carreaux de terre cuite de l'Eglise de Berck on distingue parfaitement dans le creux des lettres, les traces d'un vernis d'un ton vert.

A Berck, les prêtres et les personnages marquants étaient enterrés dans le chœur de l'Eglise.

On a trouvé les mêmes carreaux de Berck dans la plupart des églises du canton de Montreuil qui nous intéressent entre autres à Campigneulles-les-Petites, Campigneulles-les-Grandes, Montreuil, dans le bas-côté Nord de l'Eglise de Verton, Beutin, Wailly, la Calotterie, Attin, St-Aubin, Sorrus, Waben, Ecuires, Airon-St-Waast, Brimeux, Sempy, Montcavrel, Tigny-Noyelles, Buires, Nampont, Montigny.

Les dalles en terre cuite de l'Eglise de Berck qu'il faut chercher avec attention se trouvent sous les bancs du bas-côté ; ils rappellent les noms des familles Rivet et Cornu. Les familles des Malingre, des Bouville ainsi que des Baillet avaient aussi des sépultures dans cette église ; en 1691 un Jean Macquet y fut enterré.

On se demandera pourquoi les carreaux de l'Eglise de Berck ne remontent pas au-delà du XVII° siècle ; il ne faut pas perdre de vue que les guerres des XIV et XV° siècles qui se prolongèrent même jusque vers le milieu du XII° désolèrent la partie du Ponthieu dont nous nous occupons, que ce malheureux pays ne put enfin jouir d'un calme relatif que vers la seconde

---

(1) La corporation des couvreurs et « potiers de terre » de la ville de Montreuil avait comme écusson, d'après l'armorial de 1703 : *d'argent à une croix écartelée de sable et d'or.*

moitié du XVIe siècle, qu'ayant eu à souffrir de ce bouleversement, les beaux-arts furent négligés ; nous avons cependant trouvé sous le porche et près du chœur des fragments de pierre tombale remontant au XVe siècle (1)

Les carreaux de l'Eglise de Berck, au nombre d'une trentaine ont peu de trace d'engobe et laissent voir le ton rouge naturel de la terre cuite ; le vernis se voit parfaitement dans les creux ; notons comme remarque générale, qu'aux XVI et XVIIe siècle, les inscriptions funéraires sont simples comme aux premiers temps ; celles de Berck ont été tracées sans aucun soin pour la régularité des lettres dont la hauteur moyenne est de cinq centimètres ; l'espace entre chaque mot est de quatre centimètres.

Parmi les corps enterrés dans l'Eglise de Berck, les uns, d'après les fouilles de M. Thobois sont à 1m. 50 et d'autres presque à la surface. On a retrouvé de nombreux squelettes étendus sur une couche de ciment mais n'offrant pas beaucoup de résistance.

Plusieurs personnes enterrées dans la nef, côté droit de l'Eglise, avaient une croix accolée au mur à l'extérieur ; nous notons cette vieille coutume berkoise.

A la première travée du côté gauche nef, on remarque une vingtaine de grands carreaux de Sorrus traversés d'une ligne ; ils servaient à encadrer en losange au nombre de huit les pierres tumulaires ; ce sont les mêmes carreaux que l'on rencontre à Rue.

Dans toute l'Eglise de Berck, même sous le porche, on retrouve des fragments de carreaux plombifères.

Un des carreaux de l'Eglise de Berck représente l'effigie d'un personnage défunt ; on distingue encore les mains jointes, il porte selon la mode du temps une robe à large manche ; un autre aux traits bien dessinés représente une femme au dessus de la moyenne ; le corps de la défunte repose sur sa couche funèbre ; les mains sont jointes, la défunte qui devait-être une femme de marque est revêtue d'une robe et d'un surcot ; un collier devait descendre sur la poitrine. Ce costume était en usage aux siècles derniers et ressemble à celui dont on revêtait toutes les femmes pour les ensevelir.

---

(1) Une partie de ces détails a été puisée dans l'important ouvrage de M. Ch. Wignier sur « les poteries vernissées du Ponthieu »

Au bas de chaque côté d'une dalle est représentée une tête de mort gravée au trait sur deux os croisés.

Un remaniement du dallage de l'Eglise ferait découvrir quelques débris intéressants des anciennes sépultures, car nous avons lieu de croire qu'une certaine quantité de ces dalles furent simplement retournées; d'autres ont disparu ces derniers temps.

APPENDICE

Avant de terminer cette notice, il convient de donner une liste des curés de St-Jean de Berck avant la Révolution, suite naturelle à l'historique de l'Eglise. Notre liste n'est pas complète : voici ce que nous avons pu recueillir avec les noms et les dates à l'appui.

Le premier nom qui nous soit parvenu est celui de *Joseph Courtin* curé de Berck en 1477 cité dans plusieurs actes des hospices de Montreuil.

En 1500 *Jehan Cornu* était pourvu du bénéfice de Berck ; vice-gérant de la cure il signa en cette qualité les coutumes de Berck le 22 août 1507 (1) et quitta la cure de Berck en septembre de la même année. Il fut remplacé par *Coutan* qui signait « vice-gérant de la cure.

En 1547 nous trouvons le nom de *Philippe Gourdin* sur la plus ancienne cloche. Serait-ce un curé de la paroisse ? Devant le silence de la tradition et de l'histoire : l'hypothèse.

---

(1) Lors de nos recherches à la Bibliothèque Nationale nous avons eu la bonne fortune de découvrir « les coutumes de Bercq-sur-Mer » quatre pages en parchemin in f°, bien conservées et d'une écriture très pâle mais lisible : Nous nous proposons de les étudier en détail et d'en faire une publication spéciale.

Cette coutume de Berck a été rédigée en 12 articles. Elle commence par ces mots : « coutumes de Bercq-sur-Mer » coutumes et usages locaux dont on a coutume d'user en la terre de Bercq-sur-Mer, mises et rédigées par écrit par nous Nicolas Hourdel licencié-ès-lois, bally dudit lieu pour notre très grand et deubté seigneur, Monseigneur de Rœulx, seigneur dudit lieu en obeissant au commandement à nous fait par honorable homme sage, Robert de la Pasture prévost de Montreuil »

Nous ne trouvons plus mention des curés de Berck qu'au XVII° siècle.

Jacques Grec (?) était chapelain de Berck en 1477.

Marc Fournel était curé de Berck au 6 octobre 1669, il y resta jusqu'en 1688. Le 23 avril 1683 rapportent les registres de l'état-civil « a été inhumé dans l'E-« glise de Berck, messire Marc Fournel curé dudit « lieu : J. Bernon curé de Saint-Valery et doyen de « Montreuil, P. Froissart prêtre chapelain de Berck. »

Les curés de l'Eglise de Berck étaient enterrés dans le chœur.

Le vicaire Boucry fit « les fonctions de curé pendant la vacance « de la cure » jusqu'au 17 avril 1689 époque ou *Charles Flahaut* en prit possession. C'était un homme peu instruit comme on peut le constater en parcourant les registres de l'époque (1)

Il est mort à Berck comme le prouve l'acte de décès ci-après.

« Le 18 avril 1729 est décédé en la communion de notre mère la Sainte Eglise apostolique et romaine messire Charles Flahaut prêtre curé de cette paroisse de Berck, et le lendemain après un service solennel célébré en cette église par nous messire Philippe Enlart prêtre curé de Verton et doyen de chrétienté de Montreuil (il était licencié en Sorbone), le corps dudit Flahaut curé a été transporté à Montreuil pour être inhumé dans le cimetière de la paroisse Notre Dame de Montreuil ou ledit défunt âgé de 74 ans a requis sa sépulture. »

Après sa mort le frère Cyprien de Ste-Rose, carme de la communauté de Montreuil, F. Rinois prêtre

---

(1) Le premier registre de l'état-civil de Berck remonte au neuf octobre 1669.

Jusqu'au 20 septembre 1792, le curé fut l'officier de l'état civil, mais une loi vint heureusement modifier l'état des choses existant en créant un officier public chargé spécialement de recevoir les actes de l'état-civil, de tous les citoyens sans acceptation de croyances, et que le conseil général de chaque commune devait désigner parmi ses membres. On est agréablement surpris du changement apporté tout à coup à la tenue des registres de l'état-civil de Berck : c'est qu'à cette époque d'enthousiasme de rénovation et de patriotisme, l'importance des fonctions d'officier de l'état-civil a été comprise partout même à Berck.

vicaire de St-Michel de Verton et R. Despréaux curé de Groffliers firent l'intérim.

(Il n'est peut être pas hors de propos de parler ici du titre de « curé de Verton et de doyen de Montreuil » Disons tout d'abord que le titre de doyen de la chrétienté de Montreuil était purement honorifique et non inhérent au siège de cette ville. Plusieurs curés de Verton furent revêtus de la dignité de doyen-rural de Montreuil et entre autres Hurtrel et Enlart. Philippe François Enlart 1722-1742 voulut exercer le droit de visite des églises avec la même solennité que l'évêque ; mais les curés de la ville de Montreuil, humiliés sous le joug de ce nouveau supérieur et obligés de paraître devant lui sans l'étole, signe du pouvoir pastoral, refusèrent positivement de lui obéir.

L'officialité d'Amiens avait eu la faiblesse d'autoriser cette infraction aux règles du droit commun et à la discipline de l'Eglise, mais le Parlement annula sa décision et déclara que l'évêque ne pouvait en aucune manière accorder le droit de visite aux doyens ruraux de son diocèse.

(*Bibliothèque d'Amiens* n° 3594 - 41. *Dict. arch. de l'arrondissement de Montreuil par A de Calonne, art Verton.* p. 407.

Dans une liste d'ouvrages locaux publiée il y a quelques années figure un imprimé concernant ces différends que résume le dictionnaire archéologique ; cet opuscule que nous n'avons pu consulter, la présente étude étant rédigée, doit donner bien certainement de curieux détails sur l'origine du Décanat.

Pierre Enlart, curé de Verton, succéda comme doyen de Montreuil à l'abbé Antoine le Bel, curé d'Airon-Notre-Dame De temps immémorial, il dut en être ainsi. Pareille chose se retrouve un peu partout. Ainsi, l'abbé du Halluin, curé de Neuville, prend le titre de doyen d'Alestes en 1727. Sans remonter bien haut, citons encore que l'abbé Godefroy décédé en 1830 n'était que doyen du canton de Montreuil, alors que l'abbé Prevost résidant à Hesdin portait le titre de doyen de l'arrondissement) (1)

F. Rinois fut nommé curé de la paroisse de l'Eglise de Berck le 9 février 1730 et le frère *Cyprien* son coadjuteur ; il quitta la cure en 1733 et fut remplacé le 18 février de cette même année par *L. Roussel* qui resta

---

(1) Note de M. Aug. Braquehay

en possession de sa charge jusqu'à sa mort (19 mars 1783) « Messire Louis Roussel, prêtre, curé de St J-B
« de Berck, âgé d'environ 85 ans, fut inhumé dans le
« cimetière par le curé de Verton, doyen de Montreuil
« en présence du curé de Groffliers, de Becquelin, curé
« de Villers, Lécuyer, desservant de Berck. »

Jusqu'à la nomination de son successeur la cure fut gouvernée par Daullé, vicaire.

Louis J. Lécuyer, vicaire de Berck fut nommé à la cure le 9 mai 1783 : il était aussi curé de Campigneul-les-les-Grandes.

L'abbé Joseph Lécuyer prit part aux élections du bailliage de Montreuil le 16 mars 1889 pour la nomination d'un représentant du clergé aux Etats-Généraux.

Il fut remplacé en avril 1789 par « maître *Daveluy* prêtre desservant la cure de Berck. Il signe comme curé de Berck le 1er janvier 1790.

Nous sommes à la Révolution ; les événements se précipitent et on impose aux curés la prestation du serment civique.

Secrètement encouragé dans son opposition par le pape Pie VI, le clergé n'avait pas unanimement accueilli le décret de l'Assemblée Nationale 12-14 juillet 1790 sur la constitution civile du clergé. Des évêques avaient déclaré qu'ils ne souscriraient point à cette constitution, qu'ils protesteraient contre toute destitution, que toute nomination faite sans le concours du pape était nulle et enfin que les ecclésiastiques métropolitains refuseraient l'investiture aux évêques nommés selon les nouvelles formes. Pour vaincre cette résistance, l'assemblée décida qu'on exigerait un serment des évêques afin de les mettre ainsi dans la nécessité de se retirer s'ils ne le prêtaient pas, ou de remplir fidèlement leurs fonctions s'ils le prêtaient. Tel fut l'objet du décret des 27 novembre, 26 décembre 1790 qui imposa aux ci-devant évêques, archevêques, curés, vicaires et tous autres ecclésiastiques, fonctionnaires publics, l'obligation de prêter le serment civique dans la huitaine de la publication du décret.

Le 15 février 1791 Daveluy, curé de Berck, refusa comme l'ex-jésuite N. Rollin, curé de Verton, (1) de prêter le serment à la constitution civile du clergé et prit le chemin de l'exil. Dans sa lettre au Maire, rap-

---

(1) V. Bibl. de la ville d'Amiens n° 3597 - 68.

porte Deramecourt (hist. du clergé), il dit « qu'il veut être du plus grand nombre. »

Ce serment, le même pour les curés que pour les évêques, était celui de veiller avec soin sur les fidèles de la paroisse ou du diocèse, d'être fidèle à la loi et au roi et de maintenir de tout son pouvoir la Constitution décrétée par l'Assemblée nationale et acceptée par la loi. Il devait être prêté dans l'Eglise, un jour de dimanche avant la messe paroissiale, en présence des officiers municipaux du peuple et du clergé. Un décret des 4 et 9 janvier 1791 décida que le serment serait prêté, purement et simplement sans restriction ni explication ; c'est ce qui précipita le départ du curé de Berck.

Pendant son absence l'Eglise dédiée comme temple de la Raison au culte de l'Etre suprême, subit le sort de toutes les églises rurales : elle fut dépouillée de son mobilier. Les jours de Décade, plusieurs habitants faisaient les cérémonies usitées à cette époque et prononçaient des discours patriotiques.

Nous aurions été heureux, en notre qualité de premier historien rural de Berck, de donner jour par jour les événements de la période révolutionnaire propres à intéresser notre travail. Malgré d'actives recherches nous n'avons pu retrouver les registres de cette époque ; nous tenons de bonne source que plusieurs personne ont eu intérêt à les faire disparaître.

Le prêtre qui était établi à la Révolution dans le pays s'appelait *Charles Hecquet* ; son premier acte est du premier juillet 1791 et le dernier qu'il signe comme curé constitutionnel est daté du 29 novembre 1791, époque où il jeta le froc aux orties.

D'après Deramecourt (hist. du clergé p. 558) A. III l'abbé *Fourdin* exerça clandestinement son ministère à Berck pendant la tourmente révolutionnaire.

Après 1792 les Registres de la municipalité de Berck, canton de Waben, district de Montreuil, sont tenus par le Maire ; (le premier a été un Malingre).

A la fermeture de l'église, Jean-Charles Hecquet s'établit dans le pays et établit une fabrique de savon le 22 brumaire an trois devant Jean-Louis Cornu membre du Conseil Général de Berck. J. C. Hecquet, né le 1er mai 1763, fils de Jacques Hecquet et de Marianne Gambier, se maria à Jeanne-Marie-Justine de Roussent, fils de Charles-Victor de Roussent et de Marie-Françoise Macquet.

Ce Charles Hecquet, surnommé « le protestant », devint par la suite instituteur de Berck et succéda dans cette charge à « grand père nô maître » : Grégoire Carpentier (1) qui fut le premier greffier de la municipalité de Berck.

---

(1) Malgré l'exiguïté de sa population, il y eut une école à Berck bien avant la Révolution ; le local y affecté était l'Ecole actuelle qui servait à l'instruction des enfants de la paroisse, garçons et filles, aux conditions tout à fait primitives. L'espace nous manque pour traiter ce chapitre de l'enseignement. Autrefois, à Berck, comme dans beaucoup de localités, le droit d'enseigner était considéré comme l'attribut de l'Eglise ; aussi, jusqu'à la Révolution, le clergé catholique, habile à justifier son influence par une supériorité réelle, identifie la cause de l'autel avec celle du trône en se séparant du peuple. Mais le règne du bon plaisir a disparu. Les grands principes de 1789 sont aujourd'hui notre loi et nous pouvons nous en glorifier puisqu'ils renferment le germe de l'émancipation des peuples et qu'ils ont pour base cette trilogie : *Liberté — Egalité — Fraternité.*

L'instituteur de Berck, sous l'ancien régime remplissait les fontions de maître clerc paroissial. En 1719 *Louis François Duhamel était clerc-greffier.*

Disons que le titulaire était, en 1721, *François Baillet*, « clerc et greffier de Bercq »

Il était marié à Marguerite Cornu. Les registres de l'Etat Civil nous apprennent que « François Baillet » magister de Bercq, âgé d'environ 50 ans est décédé le 27 Octobre 1741. *Jacques Baillet*, fils de Jacques Baillet, le remplaça dans cette charge jusqu'en janvier 1745 ; à cette époque le clerc était *Charles-Grégoire Carpentier.*

Le 1er Octobre 1745 « Philippe-Jean-Bte-Jacquemin conseiller du roy, président juge de ses fermes à Montreuil, au nom de Philippe Serrant, fermier des aydes de la généralité d'Amiens et Soissons, nomme le sieur Jacques Baillet, clerc de la religion, catholique apostolique et romaine, aux fonctions de buraliste pour les aydes et droits dans la paroisse de Berck »

Ce, « après lui avoir fait prêter le serment de se bien et fidèlement comporter dans ses fonctions de commis buraliste aux droits, exemptions et privilèges accordés par les ordonnances de 1680-1681 et différents autres réglements, aux employés des fermes ».

L'abbé Jacques-Norbert-Adhelard D'aveluy, âgé de 43 ans en 1804, prêtre depuis 1784, était revenu à Berck à l'époque du Concordat.

Dans nos recherches nous avons recueilli les noms suivants des vicaires de l'Eglise paroissiale de Berck :

1670 Jacques Pec (?), chapelain.

1685 Michel De Gros, prêtre vicaire.

1683 (13 juillet) J. Boucry.

1691 G. Prevost.

1718 P. Ph. Rivet devient, par la suite, curé d'Aix-en-Issart et Désiré Lemaire, desservant.

1729 (27 juin) F. Rinois.

1775 O. Flaunery.

1782 Daulle.

L'Eglise de Berck une fois rendue à sa destination première, les frais du culte furent payés par les habitants.

Il serait difficile, sinon impossible d'établir d'une façon rigoureuse les ressources de l'instituteur berkois avant 1789. En général, comme émoluments les maîtres avaient :

1° Une rémunération fixée par la fabrique ;

2° Le casuel annuel ;

3° Quelques profits accessoires tenant à leur qualité de clerc ;

4° Une redevance payée par chaque ménage.

Nous avons relevé dans les archives du Pas-de-Calais S. G. un tableau des émoluments du clerc laïque de Berck :

« *Payé à Grégoire Carpentier magester audict Berck pour neuf années de ses gages.*

>   1765-1774.........1080 livres
>   1775-1778......... 300   »
>   1778-1780......... 300   »
>   1781-1784......... 390   »
>   1785-1789......... 360   »
>   1788-1791......... 300   »

Au même pour dix quartiers de ses gages 1791-1793...... 320 livres

Il serait intéressant de grouper les documents relatifs à l'état de l'Ecole avant 1789 ce serait une œuvre éminemment patriotique et qui ne saurait laisser indifférents ceux qui cherchent dans le passé des leçons pour le présent et pour l'avenir.

En compulsant nos notes nous avons relevé le personnel de la fabrique de Berck avant 1789. Il nous a paru intéressant d'en livrer à la postérité l'analyse.

Les lecteurs Berkois y trouveront un nom cher au foyer paternel.

1689 Marc Baillet, marguillier.

1690 Macquet, matelot, id.

1691 Jacques Le Blond. « matolot marguillier de la paroisse de St-Jean du village de Bercq ».

1692 Louis Cornu, marguillier (1)

Les archives du Pas-de-Calais, série G. concernant la paroisse et fabrique de Berck, nous ont donné quelques renseignements que nous allons transcrire.

1723-1725 Louis Roussel, *curé* Jacques Rivet dit Menin, maître de bateau *receveur*, Michel Malingre *lieutenant*, Jacques Baillet *procureur d'office*, François Baillet *greffier*. J. F. Rivet, C. Rivet, P. Finet, P. Calloir, Jacques Baillet *marguilliers anciens et modernes*.

1729-1732 Les mêmes et Charles Lebœuf avec Pierre Boiry.

1741-1744 Michel Brillard *receveur*, M. Malingre *lieutenant*, Baillet *greffier*, François Rivet.

François Delorme, Michel Brillard, Philippe Rivet, Philippe Clerc, Claude Pauchet, J. Ouadoux, *marguilliers*.

1744-1747. Les mêmes sauf Jacques Baillet, *procureur d'office*.

1746-1749. Les mêmes que dessus.

1749-1752. Louis Roussel, *curé*, Jacques Baillet, *receveur et procureur d'office*, Jean Blanchart, Claude Rivet Toussaint Delarue, Ph. le Clerc, Gabriel Dez, François Rivet, Ph. Rivet, *marguilliers*.

1752-1755. L. Roussel, *curé*, P. Delarue, M. Brillard, Jacques Baillet, Baillet, Ph. le Clerc, Toussaint Delarue, Jean Beauchent, Louis Lebœuf, Pierre Droit, François Rivet, Claude Baillet, *marguilliers tant anciens que modernes*.

1756-1759. Les mêmes que ci-dessus, Pierre Delarue, *receveur*.

1758-1761. L. Roussel, *curé*, Lambert Bouville *receveur*, Ph. Leclerc, Grégoire Macquet, J. F. Boubert, J. F. Macquet.

(1) Archives de la Mairie de Berck.

1765-1774. L. Roussel, *curé*, Ph. Leclerc, Ch. Leblond, Grégoire Macquet, Delarue, J. F. Macquet, Rivet, Carpentier, *marguilliers*.

1775-1778. Lecuyer, *curé*, Jules Macquet, *receveur*, Cornu, Larue, *marguilliers*.

1778-1780. Joseph Lecuyer, *curé*, L. Bouville, J. B. Lebœuf, Charles Bouville, Macquer *marguilliers*, Louis Corron, *receveur*.

1781-1784. J. Lecuyer, *curé*, J-B Lebœuf, *receveur*, Ch. Gressier, L. Bouville, Carpentier, Ph. Ramon, Malingre, J. Parmentier, J. L, Cornu, *marguilliers anciens et modernes*.

1785-1787. L. J. Lécuyer, *curé*, J. Parmentier, *receveur*, Malingre, Michel Macquet, Ch. Gressier, J-B Delarue, J. Parmantier, Carpantier, Toussaint Cornu, P. J. Bouville, J. Cornu, Lamart, *marguilliers anciens et modernes*.

De 1788 à 1791. Les comptes de la fabrique sont rendus par devant *J. Ch. Hecquet, curé constitutionnel*, Jean Louis Cornu *receveur*, Hagneré *officier*, Malingre, *maire*, Bouville, *procureur*, Carpantier, Malingre, *marguilliers*.

De 1791 à 1793. Comptes rendus par Michel Malingre, *receveur*, aux maire et officiers municipaux.

Tel est le résultat de nos recherches historico-archéologiques sur l'Eglise de Berck et constituant sa monographie. Heureux si nous avons pu, par ce faible travail, retirer de l'oubli ce monument.

L'Eglise de Berck est appelée, dans un avenir très prochain à tomber sous le marteau des vandales.

Le projet d'élever une nouvelle église à Berck est élaboré. Il serait désirable de conserver ce vieil édifice déjà tant remanié. Le désir du nouveau ne respecte rien ; ici c'est un zèle malentendu qui cause un mal considérable, mais partout, la demi science est aussi funeste que l'ignorance. L'archéologie est encore une science inconnue. Il serait préférable de conserver à nos églises leur aspect primitif, aspect d'autant plus artistique que les monuments garderont leur mobilier antique. A Berck en ces dernières années on n'a pas assez maintenu les dispositions intérieures de l'Eglise, dispositions fixées par d'anciens usages chers aux Berkois ; on aurait dû les conserver toutes, même celles qui semblaient gêner la curiosité des regards.

« La pureté des lignes d'un édifice n'a jamais exigé, au Moyen Age ni à la Renaissance de grands sacrifices. L'art moderne ne peut être plus difficile que les artistes d'alors qui ont tant embelli et orné nos églises. »

Il nous semble qu'au lieu de détruire l'édifice actuel il serait de beaucoup préférable d'y annexer un bas-côté nord.

EPILOGUE

L'histoire, ce juge incorruptible qui fait justice à tous, assignera à chacun la part qui lui revient.

En terminant nous croyons nécessaire de nous résumer. Quoique l'Eglise de Berck ne présente aucune unité de style, c'est un édifice très original, d'un véritable intérêt archéologique.

Bien que des restaurations peu intelligentes aient maladroitement modifié le style de certaines parties de l'édifice, et quelques disparates que paraissent son ensemble et ses dispositions, il présente néanmoins des détails fort curieux et intéressants à décrire.

Nous ne connaissons, dans la région que nous avons beaucoup parcourue, aucune église similaire. C'est ce qui explique l'intérêt qu'elle offre aux amateurs d'archéologie. Les particularités de son plan, son chœur, sa cloche du XVIe siècle, ses machicoulis, méritent d'appeler sur elle l'attention des archéologues. C'est certainement une des plus anciennes du canton de Montreuil. (1)

Sans avoir la prétention d'être un monument historique, l'Eglise de Berck est un reste très intéressant du XIVe siècle, le seul d'ailleurs que possède cette localité. C'est aussi un spécimen curieux de l'art gothique dans la région.

Bâtie sans doute au XIIIe siècle, brûlée, puis reconstruite au XIVe siècle, elle fut remaniée au cours du XVIe ; ces remaniements seraient à étudier en détail.

Espérons que de nouvelles et consciencieuses recherches pourront éclaircir plus complètement l'histoire de l'Eglise St-Jean de Berck : le domaine du

---

(1) Nous ne parlons pas de l'Eglise de Montreuil dont certaines parties remontent au Xe siècle.

passé est si vaste que les derniers venus y trouvent toujours quelque chose à glaner.

En écrivant cette monographie, nous avons été guidé par une pensée constante.

Nous étions persuadé que rien ne pouvait développer davantage l'amour du clocher que l'histoire locale. Nous savons d'ailleurs que l'étude consciencieuse du passé est la meilleure source du patriotisme, l'amour du clocher, du pays natal, n'est-ce pas la source de l'amour de la patrie ?

Pour nous, la véritable histoire de la France ne devrait être que le reflet très fidèle des diverses histoires communales. On y étudierait ainsi de très près et par conséquent plus exactement les transformations sociales des générations écoulées.

C'est une vérité devenue banale aujourd'hui, de dire qu'on aime d'autant plus son pays qu'on en connaît mieux l'histoire. Et cependant nous insistons sur cette vérité parce qu'elle justifie et explique à merveille l'utilité de ce genre de publication.

TABLE

Prodéat 3
Dédicace 5
Esquisse historique (la paroisse) 6
Pèlerinage des marins Berkois 28
Description archéologique 29
Date de la nef de l'Eglise 31
Les inhumations dans l'Eglise 50
La céramique religieuse 52
Appendice 58
Epilogue 67

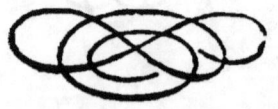

www.ingramcontent.com/pod-product-compliance
Lightning Source LLC
LaVergne TN
LVHW022114080426
835511LV00007B/808